Ryōsuke Ohashi

Der Philosophenweg in Kyōto

VERLAG KARL ALBER

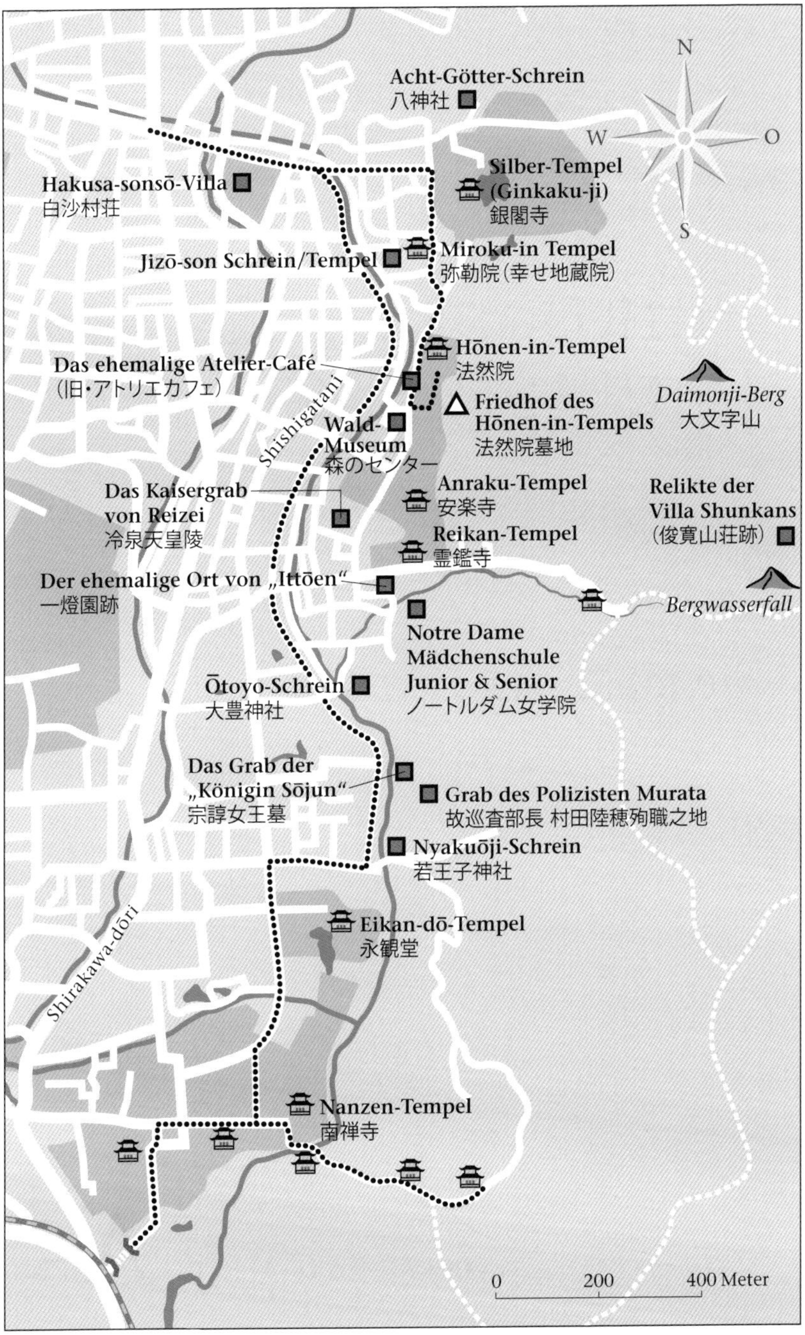

Acht-Götter-Schrein
八神社
N
W
O
S
Silber-Tempel
(Ginkaku-ji)
銀閣寺
Hakusa-sonsō-Villa
白沙村荘
Jizō-son Schrein/Tempel
Miroku-in Tempel
弥勒院（幸せ地蔵院）
Hōnen-in-Tempel
法然院
Das ehemalige Atelier-Café
（旧・アトリエカフェ）
Friedhof des
Hōnen-in-Tempels
法然院墓地
Daimonji-Berg
大文字山
Shishigatani
Wald-
Museum
森のセンター
Das Kaisergrab
von Reizei
冷泉天皇陵
Anraku-Tempel
安楽寺
Reikan-Tempel
霊鑑寺
Relikte der
Villa Shunkans
（俊寛山荘跡）
Der ehemalige Ort von „Ittōen“
一燈園跡
Bergwasserfall
Notre Dame
Mädchenschule
Junior & Senior
ノートルダム女学院
Ōtoyo-Schrein
大豊神社
Das Grab der
„Königin Sōjun“
宗諄女王墓
Grab des Polizisten Murata
故巡査部長 村田陸穂殉職之地
Nyakuōji-Schrein
若王子神社
Eikan-dō-Tempel
永観堂
Shirakawa-dōri
Nanzen-Tempel
南禅寺
0
200
400 Meter

Ryōsuke Ohashi

Der Philosophenweg in Kyōto

Eine Entdeckungsreise durch die japanische Ästhetik

Verlag Karl Alber Freiburg / München

Ryōsuke Ohashi

The Philosopher's Path in Kyōto

A journey of discovery through the aesthetics of Japan

Those who have once strolled the »Philosopher's Path« in Kyōto (*tetsugaku-no-michi,* literally: »The Way/Path of Philosophy«) or looked at it on a map will find the title of this book a little curious: Why a »journey« on a way only two kilometers long? But alongside this way, a historical space stretches whose depth and width is not easily measured. The monuments, temples, shrines, graveyards, and gardens, which are located on or near to this path are each »entrances« into Japanese aesthetics and history. Those who once enter them and stroll there will find dramatic tales of power, intrigue, success, and downfall. These dramas begin in the times of the antique dynasty and reach the modern time.

For this journey, one needs the following equipment: Hiking boots, leisure, and imagination. When one walks this way with the help of this book, he/she will discover the signs of the aesthetic afterglow of the past which does never vanish.

The Author:

Ryōsuke Ohashi, born 1944 in Kyōto, Japan. Study of philosophy at Kyōto University. 1974 doctoral degree at Munich University, 1983 habilitation at Würzburg University as the first Japanese in philosophy. Professor at Kyōto Technical University, Osaka University and Buddhist Ryōkoku University. Guest-professorship at Universities and Institutes in Cologne, Vienna, Hannover, Hildesheim, Tübingen, Basel. Since 2015 Director at the Japanese-German Institute of Culture in Kyōto.

Ryōsuke Ohashi

Der Philosophenweg in Kyōto

Eine Entdeckungsreise durch die japanische Ästhetik

Wer den »Philosophenweg« in Kyōto (*tetsugaku-no-michi,* wörtlich: »Weg der Philosophie«) gegangen ist oder im Bild gesehen hat, wird den Buchtitel für befremdlich halten: Wieso die »Reise« auf einem Spazierweg, der höchstens 2 km lang ist? Aber de facto erstreckt sich entlang dieses Weges bzw. auf dem zu diesem parallel verlaufenden Bergpfad ein Geschichtsraum, dessen Gesamtbild und innere Tiefe nicht leicht zu durchblicken sind. Die dort zu findenden Denkmäler, Tempel, Schreine und Bäume sind »Eingänge« in die japanische Ästhetik und Religion. Wer in sie hineingeht und sich auf die schmalen Pfade dahinter begibt, wird in ihnen dramatische Geschichten von Macht und Intrige, Erfolg und Untergang, Treue und Verrat usw. finden. Diese Dramen beginnen in der antiken Dynastiezeit und reichen bis in die Moderne.

Für diesen Reiseweg braucht man folgende Ausrüstung: Wanderschuhe, Muße und Einbildungskraft. Wer den Weg geht oder ihn mit Hilfe dieses Buchs kennenlernt, wird der Schönheit im Schein des Vergangenen, das nicht vergeht, gewahr.

Der Autor:

Ryōsuke Ohashi, geb. 1944 in Kyōto, Japan. Studium der Philosophie an der Universität Kyōto. 1974 Promotion an der Universität München, 1983 Habilitation an der Universität Würzburg als erster Japaner. Professor an der Staatlichen Technischen Universität Kyōto, der Staatlichen Universität Osaka und der buddhistischen Ryūkoku-Universität. Gastprofessuren an Universitäten und Instituten in Köln, Wien, Hannover, Hildesheim, Tübingen, Basel. Seit 2015 Direktor des Japanisch-Deutschen Kulturinstituts in Kyoto.

Originalausgabe

www.verlag-alber.de

Coverbild: Blick aus der Stube Dōjinsai, © Ginkaku-ji
Karte des Philosophenwegs: © Peter Palm, Berlin
Satz: SatzWeise, Bad Wünnenberg
Herstellung: Těšínská Tiskárna a. s., Český Těšín

Printed in the Czech Republic

ISBN 978-3-495-49011-2

Inhalt

Vorwort

Der »erste« Anlass zur Verfassung des vorliegenden Buchs, der in Wahrheit der »zweite« war, wie im Folgenden erklärt wird, kam in Form einer Einladung zu einem Vortrag zu mir, den ich am 27.09.2016 im »Japanischen Kulturinstitut Köln« hielt. Das angefragte Vortragsthema war »Der Philosophenweg in Kyōto«.

Der praktisch erste und eigentliche Anlass war, dass Herr Lukas Trabert im Karl Alber Verlag mir bereits seit gut sechs Jahren dazu geraten hatte, ein Buch eben zum gleichen Thema zu schreiben. Er hatte mehrmals Kyōto besucht und kannte den dortigen »Philosophenweg«. Da ich inzwischen von verschiedenen Aufgaben eingenommen und weiterhin nicht ganz davon überzeugt war, dass ich der für dieses Thema richtige Autor sein könne, hatte ich die Idee beiseitegelegt, während ich mich natürlich bei Herrn Trabert für seinen freundlichen Vorschlag herzlich bedankte. Da kam die genannte Anfrage zum Vortrag vom Kölner Japanischen Kulturinstitut. Wenn ich nicht zuvor schon den Vorschlag Herrn Traberts bekommen hätte, hätte ich aus demselben Grunde der fehlenden Überzeugung im obigen Sinne das Angebot höflich abgelehnt. Aber da mir nun das Thema zum zweiten Mal vorgeschlagen worden war, habe ich auf mir unerklärliche Weise gefühlt, dass eine mahnende Stimme mich von Faulheit und Zögerung erweckte und zum Aufstehen aufforderte. So habe ich mich entschieden, den Kölner Vortrag zu halten und das vorgeschlagene Buch zu schreiben.

Wie es oft der Fall ist, ergab es sich dann so, dass, nachdem die Entscheidung einmal gefällt war, die Arbeitslage sich derart ordnete, dass ich das Büchlein zu konzipieren und zu verfassen die Zeit fand. So habe ich im Sommer 2017 ein Kapitel pro Woche und so die ersten acht Kapitel in einem Atemzug geschrieben. Die letzten vier habe ich erst im Winter 2017/18 ebenfalls nacheinander verfasst. Herr Trabert hat mir inzwischen einen Untertitel vorgeschlagen: »Eine Entdeckungsreise durch die japanische Ästhetik«. Der vorgeschlagene

Untertitel hat mir gefallen, da ich tatsächlich von mir selber nicht vorhergesehene »Entdeckungen« erlebt hatte.

In Japan wird seit alters her ein Sprachgedanke überliefert: »Kotodama«, wörtlich: »Die Wortseele«. Man glaubte, dass ein Wort oft dieselbe Kraft besitze wie ein Lebewesen mit Seele. Womöglich hat die Wortseele des genannten Untertitels in der Weise gewirkt, dass eine andere »Entdeckung« geschah: eine junge Forscherin der japanischen Ästhetik aus Heidelberg, Frau Anna Zschauer. Einige Male hatte ich schon früher ihre aufgeweckten Präsentationen zu verschiedenen Anlässen gehört. Jedes Mal war die Präsentation klar und das Problembewusstsein trefflich. So habe ich sie probeweise gefragt, ob sie zuerst einen kleinen Teil meines Manuskriptes sprachlich zu korrigieren bereit wäre. Wie erwartet kamen nicht nur die sprachlichen Korrekturen, sondern auch treffende Hinweise und gute Kommentare von ihr zurück. Bezüglich der im Buch aufzunehmenden Fotos wurden Vorschläge gemacht, die den Feinsinn dieser jungen Forscherin belegten. Da alle Verbesserungen und Ergänzungen in der deutschen Version in die zweite Auflage der japanischen Version Eingang fanden, ist die vorliegende Version dieses Buchs ohne die Hilfe Frau Zschauers nicht denkbar.

Alle aufgenommenen Fotos des Philosophenwegs wurden unter den gut tausend Fotos ausgewählt, die ich bei meinen Spaziergängen aufgenommen hatte. (Ausgenommen sind ein paar Fotos, die Anna Zschauer beisteuerte.) Die Fotos von »Ittōen« wurden vom Museum dieser Gemeinde angeboten. Die Fotos des »Nishida Kitarō Philosophie-Museums« einschließlich des Fotos vom »Weg des Denkens« in der Museumanlage wurden von der Kuratorin Frau Sachiko Yamanada im genannten Museum angeboten. Das Foto des Blumensteckens in der Dōjinsai-Stube des Silber-Tempels, das in einem wichtigen Kontext des vorliegenden Buchs auftaucht, wurde mir von der Autorin und Meisterin dieses Blumensteckens, Shuhō, geschenkt. Mit dieser Meisterin habe ich einmal in Form eines Büchleins *»Kashin no kokoro. Hana to Zen« (»Der Blumen Meldung. Blume und Zen«)*, Kyōto 2009, zusammengearbeitet. Was ich von ihr im vorliegenden Buch erwähnt habe, ist eine kleine Folge der genannten Zusammenarbeit.

Bezüglich der Publikation des Buchs war es wegen der oben gesagten Vorgeschichte von vornherein bestimmt, dass die deutsche Fassung desselben im Alber Verlag erscheint. In diesem Verlag erschien vor einem Jahr eine ziemlich umfangreiche Schrift von mir:

»*Phänomenologie der Compassion. Pathos des Miteinanders*«. Diese Schrift und das vorliegende Buch stehen im Verhältnis von »Nō und Kyōgen« (Nō-Hauptstück und Zwischenstück), wie man im Nō-Spiel sagt, zueinander. Ich wäre dankbar, wenn der Leser gelegentlich auch dieses andere Buch in die Hand nehmen würde.

Prolog

Der »Philosophenweg« (jap: *tetsugaku-no-michi,* wörtlich: »Weg der Philosophie«) in Kyōto hieß früher, d. h. in der Meiji-Zeit, »der Weg der Schriftsteller« (jap: *bunjin-no-michi*). Die heute offizielle Nennung ist ziemlich neu und war das Ergebnis einer Bürgerinitiative der Bewohner dieser Gegend, die sich gegen den Plan der Stadt Kyōto wendeten, die Kanalstrecke zu einer Autostraße umzubauen. Seit dieser Bürgerinitiative und der Neubenennung des Weges verbreitete sich der heutige Name. Die »Eröffnungszeremonie« des »Philosophenweges« fand im März 1972 statt.

Eine andere Herkunft des Namens ist freilich der in Japan seit der Meiji-Zeit beliebte »Philosophenweg in Heidelberg«. Die Forscher und Reisenden aus Japan, die in dieser Stadt Aufenthalt genommen haben, begeisterten sich für die Alte Brücke und den Neckar und gingen gerne auf dem Philosophenweg spazieren.

Der Philosophenweg in Kyōto, der entlang eines schmalen Kanals an den Ostbergen der Stadt Kyōto verläuft, ist heute eine Promenade, die, wie der Philosophenweg in Heidelberg, nur circa zwei Kilometer lang ist (Abb. 1 und 2). Aber in Wirklichkeit erstreckt sich über diesen Weg hinaus ein Zeitraum von tausend Jahren, seit der antiken Heian-Zeit und der mittelalterliche Kamakura- und Muromachi-Zeit über die neuzeitliche Edo-Zeit und die moderne Meiji-, Taishō-, Shōwa-Zeit hinaus bis heute.

Die Geschichte und Kultur, die an diesem in Kyōto beliebten Philosophenweg zu sehen sind, sind nicht leicht zu überblicken. Trotz zahlreichen Reiseführern zur »Geschichte der Stadt Kyōto« oder den »Tempeln und Schreinen in Kyōto« wurden der ästhetische Reichtum und die spirituelle Tiefe der Kulturdinge auf diesem Weg bisher kaum erörtert. Die geborgenen Anblicke und Szenen der Geschichte und Kultur auf diesem Weg blieben bisher selbst unter den Fachforschern der Kulturgeschichte unbemerkt.

Wenn man sich aber einmal auf die an diesem Pfad verborgenen Anblicke aufmerksam macht, so sieht man, dass sie das Licht des

Abb. 1: Kanal am Philosophenweg

zanshō-bi, des »ästhetischen Nachscheins des Vergangenen, das nicht vergeht«, ausstrahlen. Der Terminus *zanshō-bi* ist ein neuer Begrif der Ästhetik, der im vorliegenden Büchlein zum ersten Mal vorgelegt wird. Um hier nur das Fundamentale zu umreißen, so bedeutet zunächst »*zanshō*« als ein gewöhnliches japanisches Wort das »noch verbleibende Strahlen der untergehenden Sonne«. Wenn ihm das Wort »*bi*«, das japanische Wort für das Schöne, hinzugefügt und das Kompositum als ein neuer ästhetischer Terminus vorgelegt wird, so bedeutet es der »ästhetische Nachschein des Vergangenen«. Nicht das Strahlende des *schon* Vergangenen selbst bleibt, sondern das Scheinen des Vergangenen ist es, welches in der Form der Sitte und des kulturellen Erbes nach wie vor fortwirkt und als lange erhaltene »Lichtquelle neuer Kreationen« in Kultur und Kunst nachscheint. Die spezifische japanisch-ästhetische Nuance dieses Terminus sei nach und nach verdeutlicht, und eine etwas thematischere, nähere Bestimmung desselben Terminus im Vergleich mit dem europäischen Begriff des Schönen sei der späteren Darstellung (vgl. die zweite Hälfte des 11. Kapitels) überlassen.

Auf dem Philosophenweg öffnen sich, wie gesagt, hier und da Eingänge in die einstige Politik, Kultur und Religion in Japan. Wenn man den »schmalen Pfad in die nördliche Tiefe« *(oku-no-hosomichi)*, wie der Dichter Bashō seine Reise-Tagebücher betitelte, geht, findet

Abb. 2: Kirschblüte am Philosophenweg

man Anblicke, die daran erinnern, wie hier um Macht und Ruhm gekämpft, die spirituelle Ruhe im Rückzug gesucht und um das Erringen und Aufbauen einer neuen Realität gestritten wurde. Diesen von der antiken Dynastie bis zur Moderne fortdauernden Weg zu gehen, ist schon eine Art Reise, eine »Entdeckungsreise«.

Um diesen Reiseweg zu gehen, braucht man folgende Ausrüstung: knöchelhohe Schuhe, Muße und Einbildungskraft.

Die knöchelhohen Schuhe wären deshalb gut, weil parallel zum Philosophenweg im engeren Sinne der Bergpfad auf dem Sattel des Berges läuft, der vom Nanzen-Tempel über den Daimonji-Berg hinaus zum Silber-Tempel (Ginkaku-ji) geht. Zwar ist dieser Sattelweg an seinem höchsten Punkt nur 465 m hoch, sodass der Aufstieg für Freizeitwanderer kein Problem ist. Allerdings kommt man manchmal

Abb. 3: Wegweiser im Schnee

zu Stellen, die ziemlich steil sind und an denen Vorsicht vor dem Abrutschen geboten ist. Außerdem gehört dieser Bergpfad zu dem großen Berggebiet, das in der nördlichen Richtung über den Hiei-Berg (848 m) hinaus und in der östlichen Richtung zum Biwa-See führt. Somit ist es wünschenswert, nicht nur die Wanderschuhe anzuziehen, sondern auch einen Stock und eine Wasserflasche mitzunehmen.

Wie viel Muße sollte man für diese Reise mitbringen? Im hektischen Alltagsleben der Gegenwart wäre es selbst für die Bewohner in der Nähe gar nicht selbstverständlich, die Zeit zum Spaziergang auf dem Philosophenweg zu finden. Aber die physikalische Länge der Zeit ist nicht entscheidend. Wenn man nur eine allgemeine Vorstellung des Philosophenwegs haben will, genügen drei oder fünf Minuten. Wenn man nämlich entweder am nördlichen oder südlichen Ende des Weges steht und einen kurzen Blick voraus wirft, bekommt man schon eine Vorstellung des ganzen Weges. Man mag allerdings sagen: »Dann ist es doch kein ›Reise-Weg‹«. Aber in unserer Welt, in der die Zeit Flügel hat, birgt schon ein kurzer Augenblick die vergangenen zehntausend Jahre und schon ein Schritt die zehntausend Schritte einstiger Menschen. Nur den Willen zum Ausgehen bräuchte man zu haben. Klopft man an die Tür, wird sie aufgetan werden, und ein Reiseweg wird sich dahinter erstrecken.

Rein streckenmäßig braucht man selbst dann, wenn man dem

Abb. 4: Nishida-Gedichtmonument im Frühling

Abb. 5: Nishida-Gedichtmonument im Sommer

Kanal die vollen zwei Kilometer folgen will, nur eine halbe Stunde (Abb. 3). Wenn man mit Muße in die hier und da vorzufindenden Eingänge in den geschichtlichen Zeitraum eingehen will, werden circa anderthalb Stunden benötigt. Wenn man aber auf den Berghang des Daimonji-Berges aufsteigen will, der für das Feuerfest der Verabschiedung der Totenseelen im Sommer bekannt ist, müsste man eine weitere Stunde einplanen. Wenn man schließlich bis zum Zenit des Berges aufsteigen und von dort aus bis zum Nanzen-Tempel auf

Abb. 6: Nishida-Gedichtmonument im Herbst

dem Sattelweg wandern will, sollte man mit zweieinhalb Stunden rechnen. Dieser insgesamt etwa fünf Stunden lange Wanderweg überschneidet sich mit einem »Reiseweg«, der sich über einen geschichtlichen Zeitraum von tausend Jahren erstreckt.

So wird von hier aus ein Drittes benötigt: die Einbildungskraft. Kant gibt in der *Kritik der reinen Vernunft* (B 151) die schlichte und lapidare Bestimmung: »*Einbildungskraft ist das Vermögen, einen Gegenstand auch ohne dessen Gegenwart in der Anschauung vorzustellen.*« Den ästhetischen Schein der vergangenen Geschichte, Kultur und Religion Japans sehen heißt, den Glanz dessen, was »da gewesen war, aber jetzt nicht mehr ist«, in der Einbildungskraft wieder zu vergegenwärtigen. Mit diesem Vermögen können auch die entfernt Wohnenden, einschließlich derjenigen im Ausland, die virtuellen Wanderschuhe anziehen, um auf dem Philosophenweg herumzuwandern. Das vorliegende Buch wurde in der Tat ursprünglich für die europäischen Leser verfasst, die im Nachvollzug der zwölf Kapitel eine virtuelle Reise auf dem Philosophenweg genießen können.

Zum Schluss ist noch eines zu bemerken: Wer auf der Suche nach den Lichtquellen des Nachscheins der einstigen Schönheit auf dem Philosophenweg wandert, dem wird spontan auch der eigene »Weg des Philosophierens« aufgehen. Etwa am Mittelpunkt des Philosophenwegs findet man ein Steinmonument, auf dem ein Gedicht des japanischen Philosophen Kitarō Nishida geschrieben steht. Das Gedicht lautet:

Abb. 7: Nishida-Gedichtmonument im Winter

»Die Anderen sind die Anderen, ich bin ich. Ich gehe jedenfalls den Weg, der meiner ist.«

人は人 吾はわれ也 とにかくに 吾行く道を吾は行くなり

(Hito wa hito, ware wa ware nari, tonikakuni waga yuku michi wo ware wa yuku nari.)

Das Steinmonument erscheint je nach Jahreszeit anders (Abb. 4–7), worin sich andeutet, dass ein- und derselbe »Weg« sowohl im Leben eines Menschen wie auch in der Geschichte durch verschiedene Zeiten und Situationen hindurch verschiedene Gesichter zeigt – und dass ein Gesicht immer ein Ausdruck des inneren Geistes ist, sei es des Menschen, sei es der Welt, der Natur oder der Geschichte.

Die originale Kalligraphie, mit der Nishida sein eigenes Gedicht geschrieben hat und die er auf dem Monument inskribieren ließ, mag als ein Beleg dafür gelten (siehe Abb. 1 in Kap. 10).

I. Teil:
Spuren lang vergangener Zeiten

1. Heian-Dynastiezeit (794–1192): Der am Wahn erkrankte Kaiser und »mononoke«. Das Kaisergrab von Reizei

Die Brücke »Sakura-bashi« und das Kaisergrab »Sakura-moto«

Der erste Eingang in den tausendjährigen Zeitraum der Geschichte findet sich etwa in der Mitte des zwei Kilometer langen Philosophenwegs: das Grab des Kaisers Reizei. Das Grab wird offiziell nach dem Ort genannt und heißt: »Sakuramoto-Kaisergrab«. Kaum eine/r, die/der auf dem Weg spazieren geht, wird auf es aufmerksam. Mehr als die Hälfte der Bummelnden hier sind offensichtlich Gäste aus dem Ausland. Aber auch die japanischen Fußgänger scheinen nicht zu wissen, was für ein Grab es ist. Jedoch gerade dort findet sich der geschichtlich früheste und direkt in die innere Tiefe des virtuellen Zeitraums des Philosophenwegs führende Eingang.

Der Wegweiser zu diesem Kaisergrab ist die Brücke Sakura-bashi über den Kanal, der am Philosophenweg fließt. Während kaum eine Brücke auf diesem Weg einen Namen hat, steht bei dieser Brücke eine Steinsäule mit dem kalligraphisch inskribierten Namen »Sakura-bashi« (Abb. 1). Wenn man mit Hilfe dieser Brücke den Kanal überquert und etwa fünfzig Meter nach Osten geht, findet man das still geborgene Kaisergrab von Reizei. Da der Kanal erst in der Meiji-Zeit gebaut wurde, um vom Biwa-See in der Nachbar-Präfektur Shiga das Wasser nach Kyōto zu bringen, haben weder der Kanal noch die Brücke Sakura-bashi in der antiken Zeit von Reizei existiert. Sollte man dann diese Brücke beim Eintreten in den Virtualitätsraum der Geschichtswelt der antiken Heian-Dynastiezeit in der Einbildung löschen?

Aber die Einbildungskraft soll für später reserviert werden. Es ist noch vorher darauf aufmerksam zu machen, dass der Name der Brücke sich mit dem offiziellen Namen des Kaisergrabs »Sakuramoto-Grab« verbindet, und der Name »Sakuramoto« vom antiken Tempel »Sakuramoto-dera« stammt. Zwar existiert dieser Tempel heute nicht mehr, aber die Spuren dieses Tempels finden sich auf der

Abb. 1: Stele mit der Aufschrift Sakura-bashi

»Shishigatani-dōri«, der Verkehrsstraße, die parallel zum Philosophenweg verläuft. Kaiser Reizei wurde 1011 auf dem Feld vor diesem Tempel eingeäschert. Da die Einäscherungsstätte immer noch an dieser Shishigatani-dōri aufbewahrt wird, könnte eigentlich diese Stätte als das Kaisergrab betrachtet werden. Aber in der Meiji-Zeit wurde der gegenwärtige Ort zum Kaisergrab gewählt, offensichtlich im Zusammenhang mit dem Bau des Kanals. Mit dem für damals einmalig großen Bauwerk des Kanals versuchte die Meiji-Regierung, die Stadt Kyōto zu modernisieren und die Bürger zu trösten. Denn die Hauptstadt Japans wurde von dieser Regierung von Kyōto nach Tōkyō versetzt, womit Kyōto nicht mehr der Wohnort des Kaisers war. So gilt das Kaisergrab Reizeis als ein Nachschein der Innenpolitik der einstigen Meiji-Regierung, und so stehen die Brücke Sakurabashi und das Kaisergrab »Sakuramoto-Grab« in einer historisch untrennbaren Beziehung der Heian- und Meiji-Zeit zueinander.

Die Mythologie der »ungebrochenen Linie der Kaiserfamilie«

Die historischen Daten sind noch ein wenig weiter heranzuziehen. Das Geburtsjahr des Kaisers Reizei ist 950 und sein Todesjahr 1011. Seine Lebenszeit liegt also etwas über eintausend Jahre zurück. Sein Lebensalter von 62 Jahren ist zwar am Kriterium des heutigen Durchschnittsalters kurz, aber für damals und auch im Vergleich mit den Kaisern in der Geschichte lang. Er hat in der Tat länger als die ihm nachfolgenden Kaiser in drei Generationen (En-yū, Kazan, Ichijō) gelebt. Dennoch saß er nur zwei Jahre auf dem Thron. Welchen Hintergrund hatte das?

Wenn man mit dieser Frage die Zeittafel der Geschichte überblickt, bemerkt man, dass Kaiser Reizeis 62 Jahre lange Lebenszeit sich zum großen Teil mit der Lebenszeit des allmächtigen Adligen FUJIWARA-no-Michinaga (966–1028) deckt, dessen Name jedem Schüler in Japan bekannt ist.[1]

Es ist leicht zu vermuten, dass die Kürze der Thronzeit von Reizei mit der intriganten Geheimpolitik der Adligen zu tun hatte, welche die Geschichte der Kaiserfamilie ununterbrochen begleitet hat. Dabei handelte es sich um ein Gewebe von Kettfäden und Schüssen, dem Kettfaden des Mythos von der »ungebrochenen Linie der Kaiserfamilie« und dem Schuss der machtpolitischen Kalkulation der Adligen.

Der Kettfaden der »ungebrochenen Linie der Kaiserfamilie« findet seinen mythologischen Anfang darin, dass der erste Kaiser Jinmu ein mythisches Wesen war. Dies ist zugleich die Richtschnur der souveränen Autorität des Kaisertums. In Europa konnte die im 16. Jahrhundert in Frankreich entstandene politische Theorie des »Gottesgnadentums« zur Autorisierung des Kaisertums nur kurz im 17. Jahrhundert in England Gültigkeit erlangen, und in China hatte die Auffassung, den Kaiser als den Nachkommen des Himmelskaisers zu betrachten, mit der wirklichen Blutlinie des Kaisers kaum zu tun. Aber in Japan hat sich die Mythologie der »ungebrochenen Linie der Kaiserfamilie« inmitten der wirklichen Machtpolitik ständig als Achse bzw. Lichtquelle der Souveränität behauptet. Umso häufiger bemühten sich die aristokratischen Politiker darum, diese Lichtquelle zu sich zu ziehen. Der Streit wurde besonders akut, wenn ein neuer Kaiser an die Regierung kommen sollte, wobei auch oft darüber gestritten wurde, wer zum Kaiserprinz ernannt werden sollte. Im Fall des Kaisertums von Reizei stand die Krönung ebenfalls in engem Zusammenhang mit der Machtpolitik der Fujiwara-Familie.

Der Anna-Putsch

Schon während der kurzen Thronzeit von Reizei kam es zu politischem Aufruhr. Da der neu gekrönte Kaiser Reizei damals noch kein Kind hatte, war es nicht klar, wer zum Kronprinz ernannt werden sollte. Es kam zum Streit zwischen den zwei jüngeren Brüdern des Kaisers, die je von verschiedenen Machtinhabern unterstützt worden waren. In Wirklichkeit war es vielmehr der Konflikt zwischen diesen Patronen, MINAMONO-no-Takaaki und der Familie Fujiwara. Am Ende wurde der Erstere angeblich wegen Kollaboration in einem Putschversuch festgenommen und ins Exil auf die Kyūshū-Insel geschickt. Ein angeblicher Anstifter wurde auf die kleinen Inseln Sado, ein anderer auf die Insel Oki verbannt. Dies wird »der Putsch der Anna-Periode« genannt. (Der Name »Anna« ist die offizielle Bezeichnung für die Epoche der Kaiser Reizei und En-yū.) Der Kaiser Reizei konnte nichts tun, als dem Lauf der Dinge zuzusehen.

Wenn das oben kurz Geschilderte schon alles wäre, was es über diesen Anna-Putsch zu sagen gibt, bliebe es nur einer der vielen Vorfälle, die um die Übernahme der Blutlinie der Kaiserfamilie willen immer wieder geschahen. Aber es gab in diesem Vorfall noch einen ungewöhnlichen Hintergrund, der in den sonst mehr oder weniger ähnlichen Fällen nicht zu finden ist: Der Kaiser Reizei war am »Wahn« erkrankt. Aber bevor ich auf diesen Hintergrund eingehe, möchte ich noch einmal zum Sakuramoto-Grab als solches zurückkehren.

Das Kaisergrab als eine Form der Schönheit im Schein des Vergangenen

Es gibt, wie man auf der Internetseite des Kaiserlichen Hofamtes unter »Kaisergräber« feststellen kann, in ganz Japan insgesamt 124 Kaisergräber, die vom Kaiserlichen Hofamt gesetzlich bestimmt und verwaltet werden. Das neueste ist das des Kaisers Shōwa (1926–1989). Seit dem Grab des fünfzigsten Kaisers Kanmu (737–806), der die Hauptstadt von Nara nach Kyōto versetzt hat, bis zum Grab des hundertzweiundzwanzigsten Kaisers Meiji (1852–1912), finden sich beinahe alle Gräber in Kyōto. Unter ihnen und auch im Vergleich mit den anderen kann das Kaisergrab von Reizei als eines der schönsten gezählt werden.

Abb. 2: Das Kaisergrab aus der Ferne

Die Form des Grabes nennt sich »Rundhügel« *(enkyū)* und entspricht einem der typischen Stile des Kaisergrabes. Aber das Spezielle des Grabes liegt darin, dass, wenn man das Grab von der Brücke Sakura-bashi aus anschaut, es optisch so aussieht, als schließe sich gleich dahinter ein waldiger Berg an (Abb. 2). In der Tat liegt hinter dem Rundhügel des Grabes die südwestliche Seite des Daimonji-Berges, der von Bäumen bedeckt wird. Aber eigentlich ist dieser optische Anschluss an den Berg eine Sinnestäuschung. Vielmehr gibt es hinter dem Grab noch zwei Tempel, den Anraku-Tempel und den Reikan-Tempel, und zwischen diesen und dem Grab verläuft ein Weg. Dies lässt sich gleich feststellen, wenn man um das Grab, das circa 100 m breit und lang ist, herumgeht. Aber solange man auf der Vorderseite des Grabs steht, ahnt man diese räumliche Begrenzung überhaupt nicht. Was diese Sinnestäuschung herbeiführt, ist der üppig gedeihende Wald auf dem Rundhügel.

Die Grabform wird gebildet mit den Geradlinien des Steinzauns, der Steintreppe und dem Stein-Durchgangstor *Torii*. Zwischen den geradlinigen Formen dieser Artefakte und dem üppig wachsenden

Abb. 3: Das Kaisergrab mit Wald

Wald auf dem Rundhügel bildet sich ein harmonischer Kontrast (Abb. 3). Dieser ästhetische Kontrast wird in der Architektur und Gartenkunst in Kyōto weiterentwickelt und verfeinert und geht auf den »Ise-Schrein« in der Wakayama-Präfektur zurück, der dem Rang nach der höchste japanische Schrein ist und in dem die Sonnengöttin Amaterasu verehrt wird (Abb. 4). Es sei noch hinzugefügt, dass die optische Räumlichkeit, die vom Kaisergrab Reizei und dem Daimonji-Berg dahinter gebildet wird, dieselbe Struktur hat, die in der Gartenkunst mit dem Namen der »geliehenen Landschaft« bezeichnet wird. Mit der Aufbewahrung dieser mehrschichtigen, langen Tradition der Schönheitsformen gilt das Grab vom antiken Kaiser Reizei als ein konkreter Fall der »Schönheit im Schein des Vergangenen, das nicht vergeht«.

Die Besessenheit des Kaisers Reizei

Aber in diesem Kaisergrab liegt noch ein anderes Geheimnis geborgen: Das oben erwähnte Faktum, dass der Kaiser Reizei von unerklärbarem »Wahn« besessen war.

Unter den verschiedenen Materialien ist hier *Eiga-monogatari (Die Erzählung des Florierens)* heranzuziehen, deren Entstehungszeit zwischen 1028 und 1107 vermutet wird. Dieses Werk ist zwar kein

Abb. 4: Der Ise-Schrein

historisches Dokument im engen Sinne des Wortes, sondern eine halb literarische, halb historische Erzählung. Was im ersten bis dritten Band dieser Erzählung dargestellt wird, betrifft allerdings die Ereignisse in der Zeit, die sich ungefähr mit der Lebenszeit des Kaisers Reizei deckt. Dort wird erzählt, dass der Kaiser im Alter von achtzehn auf den Thron gelangte, wobei aber mehrmals der Ausdruck vorkommt: »der Dämon, von dem der Kaiser Reisei besessen wird«.

In der antiken Heian-Zeit war der Dämon, jap. *mononoke*, das Fürchterlichste, wovon die Menschen besessen werden konnten, und damit etwas, dem gegenüber sich auch die Mächtigen und Reichen kraftlos fühlten mussten. Wenn jemand von diesem Dämon besessen wird, kann er sterben. Der Dämon ist nach dem Glauben der Menschen bald der vom Groll motivierte Geist des Lebenden, bald der Geist des Toten, der mit der Absicht der Rache zur Menschenwelt zurückkommt. Aber der Dämon Kaiser Reizeis war von einer unbekannten Art. Von diesem besessen, wurde der Kaiser zum Wahnsinnigen. Allerdings war sein Symptom derart, dass er nur ab und zu exzentrisch handelte oder Schreie von sich gab, sonst aber normal war. Die heutigen Psychopathologen würden anhand der dokumentierten Taten von ihm gewiss einen Befund machen können.

Der Kaiser En-yū, der sehr bald Reizei auf den Thron folgte, trat nach 15 Jahren Regierungszeit davon zurück, und seine Nachfolger, der Kaiser Kazan, musste wiederum nach kurzer Regentschaft dem

Thron entsagen. Der ihm nachfolgende Kaiser Ichijō blieb 25 Jahre an der Macht und starb 1011. Am 16. Oktober 1011 gelangte dann Kaiser Sanjō auf den Thron. Nach der oben genannten *Eiga-monogatari,* Band 10, folgte der oberste Machtinhaber FUJIWARA-no-Michinaga zu Fuß dem Kaiserwagen nach. Der Kaiser ist zwar von höchster Autorität, der sogar der höchste Machtinhaber unterworfen ist. Allerdings kann der Kaiserwagen nicht existieren ohne den Machtinhaber, der ihn schiebt. Vielleicht hatten der schwindelerregende Wechsel des Kaisertums und die drastische Machtpolitik im Hintergrund negativ auf die Gesundheit des geistig erkrankten, all dem nur von der Seite zuschauenden Ex-Kaisers Reizei gewirkt. Er, der drei Nachfolger überlebt hatte, wurde schwach, und die Symptome seines Wahns wurden auffälliger. Michinaga besuchte ihn zum Trost, aber der zurückgetretene Kaiser hat vor ihm laut gesungen. Zwar »war das an sich nichts selten Vorgekommenes«, aber doch nicht gewöhnlich. Dass Reizei Michinaga aber trotzdem klar erkannte, schauderte diesen, sodass er davonlief (*Eiga-monogatari,* Band 10). Acht Tage nach der Krönung des neuen Kaisers starb der abgedankte Kaiser Reizei am 24. Oktober 1011.

Die Beschreibungen im *Eiga-monogatari* zu den Vorkommnissen in dieser Zeit sind realistisch und lebendig. Ihnen entnimmt man, dass Reizei »zwar ab und zu die wichtigen Zeremonien ausfallen ließ«, aber bei den Leuten beliebt war. Das Volk trauerte um ihn. Eine Beschreibung, die mich bewegt, lautet: »Männer und Frauen, die unter seinem Schutz dienten, sagten und dachten, er sei die Inkarnation von Kannon-Buddha, der zur Errettung der leidenden Wesen in dieser Welt erschienen ist« (ebd., Band 3). Die Leute, die so dachten und sprachen, waren Menschen mit sanften Herzen. Aber auch der Wahnsinnige, der sie so denken und glauben ließ, muss ein Mensch mit reinem Herzen gewesen sein. In meiner Einbildung deckt er sich mit der Figur des Fürsten Myschkin, den Dostojewski in seinem Roman *Der Idiot* darstellt.

Im platonischen Dialog *Phaidros* werden vier Arten des »Wahns« geschildert: (1) der Wahn der Wahrsagerin im Schrein, die vom göttlichen Dämon besessen wird, (2) der Wahn als Folge böser, schuldhafter Taten in der Vergangenheit, (3) die künstlerische Verrücktheit als Geschenk der Musen, der Schutzgöttinnen der Künste, (4) die *anamnēsis* als der allerbesten göttlichen Besessenheit, die für Sokrates als der seelische Zustand des Philosophierens gilt (Platon,

Phaidros, 244–246). Von welcher Art der Wahn von Reizei gewesen sein mag, ist schwer zu sagen.

Wenn ich vor dem Grab von Reizei stehe, die Kontrastschönheit von üppig-dunklem Wald und stilisierter Gestaltung aus Stein sehe und an den Wahn des vom Dämon besessenen Reizei denke, vor dem der Machtinhaber FUJIWARA-no-Michinaga davonlief, dann bin ich in die Geschichtswelt der antiken Heian-Zeit hineinversetzt. Allerdings werde ich gleich durch die Hitze der brennenden Sommer-Sonne oder von dem vom Hiei-Berg herunterwehenden kalten Wind geweckt und zu mir zurückgebracht. Die Gegenwart und die alte Zeit vor tausend Jahren liegen hier einfach so nah beieinander.

2. Heian-Dynastiezeit (794–1192): Wahrheit und Unwahrheit der Erzählung »Shunkan«. Das angebliche Relikt der »Villa Shunkans«

Die Geschichte Shunkans

»Wie es meinem Herrn Shunkan ging oder geht? Ach, es gibt kaum ein so falsches Gerücht, wie es in der Welt um meinen Herrn Shunkan geht!«

Der Kurzroman *Shunkan* von Ryūnosuke Akutagawa (1892–1927) beginnt mit der obigen Klage. Shunkan (1143–1179), Priester der Shingon-Schule des Buddhismus und treuer Untertan des politisch mächtigen Ex-Kaisers Goshirakawa (1127–1192, die Thronzeit 1155–1158), nahm 1177 am geheimen Plan eines Putsches gegen die herrschende Samuraifamilie Heike teil. Der Plan wurde entlarvt und Shunkan wurde ins Exil auf die einsame Insel Kikaigashima (wörtl.: Insel der Dämonenwelt) geschickt, um dort zu sterben. Sein Leben wurde in Theaterstücken des Kabuki, Nō, Puppentheater Jōruri usw. und auch im modernen Theater inszeniert.

Wer sich aber heute bei dem Namen »Shunkan« an das »Geheimtreffen für die Intrige in Shishigatani« – wie es in der alten Geschichtserzählung *Heike-monogatari* (»Die Erzählung der Familie Heike«) oder *Genpei Seisui-ki* (»Die Erzählung des Gedeihens und Untergangs der Familien Genji und Heike«) heißt –, erinnert, ist fortgeschrittener Liebhaber der japanischen Geschichtserzählung. Die Liebhaber der Theaterkunst könnten auch das von CHIKAMATSU Monzaemon (1653–1725) geschriebene Stück des Kabuki-Theaters bzw. des Bunraku-(Puppen-)Theaters *Shunkan* oder das vom Gründer des Nō-Theaters, Zeami (1363–1443), verfasste Stück *Shunkan* schon gesehen haben. Die Liebhaber der modernen Literatur wiederum werden sich an das Werk *Shunkan* nicht nur von Akutagawa, sondern auch von Hyakuzō Kurata (1891–1943) und Kan Kikuchi (1888–1948) erinnern.

Wie viele unter diesen Kulturinteressierten wissen jedoch, was diese Person Shunkan mit dem Philosophenweg zu tun hat?

Abb. 1: Stele mit dem Hinweis zum
»ehemaligen Standort der Villa Shunkans«

Das »Steinmonument der Treue Shunkans« als das angebliche Relikt seiner Villa

Wer den Philosophenweg einigermaßen kennt, weiß wohl auch, dass an der Ecke der Vordertreppe des Reikan-Tempels (gerade hinter dem Kaisergrab von Reizei, wie im vorigen Kapitel dargestellt) ein steinerner Wegweiser steht, auf dem inskribiert ist: »Weit hinten von hier ist der ehemalige Standort der Villa Shunkans« (Abb. 1). Er lässt uns bemerken, dass die Affäre Shunkans dem Geschichtsraum des Philosophenwegs angehört. Wenn man »weit hinten von hier«, wie der steinerne Wegweiser angibt, aufwärts in Richtung des Berges geht, findet man ein erstes Beispiel dafür, dass »es kaum ein so falsches Gerücht wie das um meinen Herrn Shunkan« gibt. Allerdings betrifft das nicht die von Akutagawa gemeinten Fälle. Das von diesem zitierten Gerücht lautet zum Beispiel, dass Shunkan auf der »Insel der Dämonenwelt«, seinem Exil-Ort, »in der Verzweiflung verrückt wurde und starb, indem er sich den Kopf an den Felsen stieß« (wie im

Shunkan von Hyakuzō Kurata erzählt wird) oder »dass Shunkan eine Frau heiratete, viele Kinder bekam und ein viel glücklicheres Leben als in der Hauptstadt Kyōto führte« (wie im *Shunkan* von Kan Kikuchi beschrieben wird). Akutagawa selbst lässt Ariou, den treuen Diener Shunkans, erzählen, dass und wie Shunkan mit weiser Einsicht heiter ist und durchschaut, was an ihm selbst und in der Welt geschah. Seine Erzählung ist allerdings auch eine Fiktion bzw. die geheime Wunschäußerung des Schriftstellers, der später Suizid begangen hat.

Das »falsche Gerücht« um Shunkan, das sich auf dem Bergpfad zum Steinmonument Shunkans ergibt, ist schon in der ersten Literatur über die Shishigatani-Affäre, der volkstümlich bekannten, im 13. Jahrhundert entstandenen Erzählung *Heike-monogatari,* zu finden. Dort steht geschrieben: »Der Fuß der Ostberge Higashiyama namens Shishigatani schließt sich hinten an den Mii-Tempel an.« (Band 1 der Erzählung *Heike-monogatari*) Die Wegbeschreibung klingt zwar plausibel für die Leser, die diese Gegend nicht kennen. Aber der Weg von Kyōto zum Mii-Tempel ist in Wirklichkeit gar nicht kurz. Er beginnt mit einem Bergpfad, genannt Nyoi-Pfad, der über den Daimonji-Berg (465 m) und den Nyoi-Berg (472 m) hinaus weiterhin auch über den Nagara-Berg (354 m) hinunter nach Ohtsu in Shiga führt. Der Bergweg ist teilweise steil und felsig, und die ganze Strecke ist insgesamt ca. 11 km lang. Zwar ist die Wanderung auf diesem Bergweg in der Saison der Kirschblüte oder des frischen Grüns schön, aber für diejenigen, die keine starken Beine haben, ist sie reichlich anstrengend. Statt zu schreiben, Shishigatani schließe sich hinten an den Mii-Tempel an, sollte also geschrieben werden, dass man, wenn man über die Berge von Shishigatani immer weiter hinaufsteigt, man am Ende zum Mii-Tempel gelangt.

Die Urform der *Heike-monogatari* ist eine von den Biwa-Hōshi (blinden, Biwa-Harfe spielenden Bettelmönchen) gesungene Geschichte um die Herrscherfamilie Heike. Sie wären diesen Weg aufgrund ihrer körperlichen Einschränkungen nie selbst gegangen, sondern schilderten ihn mit der ihnen gegebenen Einbildungskraft mit Übertreibung und Dramatisierung. Auch Akutagawa beschreibt sie kritisch: »Überhaupt sind die Biwa-Hōshi Menschen, die ständig lügen, aber ihre Lügen sind so geschickt, dass ich nicht anders kann, als sie zu loben.«

Steigen wir auf dem Bergpfad, der letztlich zum Mii-Templ führt, aufwärts. Das ist die allerschwierigste Route des Aufstiegs auf

Abb. 2: Bergweg

Abb. 3: Bergwasserfall

den Berg Daimonji, für die man wirklich richtige Wanderschuhe braucht. Es wäre noch besser, auch einen Wanderstock mitzunehmen. Geht man zunächst circa einen Kilometer auf dem Asphaltweg, findet man an dessen Ende einen Wegweiser aus Stein: »Acht chō (circa 900 m) des Weges zur Ruine der alten Villa des Priesters Shunkan«. Steigt man weiter, so kommt man zu einem Bergpfad, neben dem hier und da gefallene Bäume auf dem Bach liegen (Abb. 2). Der Pfad ist schmal und steil. Es ist nicht zu empfehlen, ihn nach Regen oder bei Schneefall zu gehen. Nach einer weiteren schweißtreibenden Stunde gelangt man zu einem schönen Wasserfall. Auf einem Flussboden von dunklem Glanz fließt das Wasser mit weißem Sprühen (Abb. 3). Die dunkle Farbe des Flussbodens kommt daher, dass die Gegend des Daimonji-Berges eine Schicht Hornfels enthält. Gleich neben diesem Wasserfall steht ein großes Monument Shunkans, »Das Monument der Treue des Priesters Shunkan« (Abb. 4).

Abb. 4: Monument der Treue des Priesters Shunkan

Steht man auf diesem felsigen Platz, findet man gleich vor sich ein weiteres »falsches Gerücht, das in der Welt geht«, veranschaulicht. Denn auf der ebenfalls großen Steintafel neben dem Monument ist inskribiert: »Der ehemalige Standort der Shishigatani-Villa des Priesters Shunkans«. Aber wo auf diesem steilen und schmalen Felsenplatz kann eine »Villa« stehen? Selbst für eine kleine Brennholzhütte gibt es nicht genügend Platz. Die Umgebung dieses Wasserfalls gehörte zwar dem Territorium des Nyoi-Tempels an, einem Zweiges des großen Mii-Tempels, und einst standen die Gebäude dieses Nyoi-Tempels auch in dieser Umgebung. Dies ist auf der *Alten Karte der Anlage des Nyoi-Tempels*, die als ein der zwölf *Alten Karten des Onjō-Tempels* jetzt vom »Amt für Kunst und Kultur« zum nationalen Kulturgut erklärt wurde, zu sehen und wurde durch neuere Ausgrabungen bestätigt. An diesem historischen Nyoi-Tempel gab es weiterhin den »Eingangstor-Wasserfall« (Rōmon-no-taki, 楼門の滝), dessen Namen daher kam, dass neben ihm einst das weite Eingangstor (Rōmon, 楼門) der Anlage des Nyoi-Tempels stand. Aber dann ist das Tor ja doch ein Teil des Nyoi-Tempels, nicht aber der »Berg-Villa Shunkans«.

Am »Monument der Treue des Priesters Shunkan« findet man außer der Lüge bezüglich des angeblichen einstigen Standortes der Villa noch eine weitere Lüge: Shunkan wird zum »treuen Untertan« des Kaisers erklärt. Das Monument wurde nämlich 1935, ein Jahr vor dem sogenannten Manchurei-Vorfall, vom offensichtlich rechts orientierten japanischen Militärregime errichtet. Die nicht mehr aufzuhaltende Raserei des Ultra-Nationalismus hatte schon begonnen. In dieser Lage wurde Shunkan, angeblich wegen seines »Verdienstes« im Putschversuch gegen die Heike-Regierung, zum »treuen Untertan« des zurückgezogenen, aber damals mächtigen Kaisers Goshirakawa (1127–1192) stilisiert. Der vorhin zitierte Wegweiser mit der Schrift »Weit hinten von hier ist der ehemalige Standort der Villa Shunkans« wurde 1939 gestiftet, als die Macht der Rechtsextremisten im Militärregime sich noch verstärkt hatte.

Mit der Zeit verändert sich allerdings auch die Einschätzung einer Person, was in jeder Epoche zu beobachten ist. In der *Heike monogatari* wird hart beurteilt, dass Shunkan »zwar Priester, aber im Herzen aggressiv und überheblich ist und mit der ungerechten Revolution kollaboriert hat« (Band 1). In *Genpei-seisui-ki* wird die gleiche Beurteilung gegeben: »Dieser Shunkan ist überheblich, obwohl er Priester ist« (Band 3). In der Schrift *Gukanshō*, die als die erste historische Beschreibung der Geschehnisse angesehen wird, schreibt der Autor und Priester Jien (1155–1225) kritisch, dass Shunkan »das erfolgreiche Gedeihen der Familie Heike so sehr beneidet und gehasst hat, dass er, ohne zu überlegen, diese Intrige für interessant ansah« (Band 5). Es ist anhand der damaligen Literatur leicht zu sehen, dass es sich beim »geheimen Treffen für die Intrige in Shishigatani« um einen Putschversuch handelte, und zwar von denjenigen, die auf Seiten des zurückgetretenen Kaisers Goshirakawa standen und auf die Gewaltherrschaft der Familie Heike zornig waren. Von der Ideologie der »Treue für die Kaiserfamilie« war keine Rede.

Shunkan, der ursprünglich der Hauslinie der Familie Genji – als den Rivalen der Familie Heike – angehörte, hat zum Zeitpunkt dieses geheimen Treffens sicherlich nicht geahnt, dass nur acht Jahre später die entscheidende »Schlacht im Meer Danno-ura« (1185) geschehen würde, mit der die Herrschaft der Familie Heike beendet wurde. Die Hauslinie Shunkans wurde aber offensichtlich von den extremen Patrioten vor dem Zweiten Weltkrieg nicht für wichtig gehalten, nur seine »Treue« zum Kaiser wurde hervorgehoben.

Das Leben Shunkans und sein Geschichtsraum

Nach dem Scheitern des Plans des geheimen Treffens in Shishigatani wurde Shunkan zum Exil auf der isolierten und weit südlich liegenden »Insel der Dämonenwelt« verurteilt und die damit zusammenhängende Tragödie wurde von der Nachwelt immer wieder erzählt. Wenn dazu auch die Tragödie der Frau und Kinder Shunkans in die Geschichte eingeschlossen wird – und dieser Einschluss ist gerecht –, so erweitert sich mit einem Mal der Zeit-Raum des Philosophenwegs um Shunkan sowohl geographisch wie auch geistesgeschichtlich.

Betrachten wir zunächst die Erweiterung in geographischer Hinsicht. Shunkan wurde zum Insel-Exil verurteilt. Es gibt verschiedene Annahmen, wo genau sich die »Insel der Dämonenwelt« befindet. Eines ist klar, dass sie irgendwo im südlichsten Meer Japans liegen muss. Der Geschichtsraum Shunkans erweitert sich hiermit über den Philosophenweg hinaus bis auf diesen südlichen Teil Japans.

Der Grund dafür, dass Shunkan so viel in der Literatur und der Theaterkunst thematisiert wird, liegt darin, dass unter den drei Verurteilten, die auf dieser isolierten Insel eingesperrt wurden, allein Shunkan keinen Erlass erhielt, während die anderen zwei, Tanba-no-shōshō Naritsune und TAIRA-no-hōgan Yasuyori, in die Hauptstadt Kyōto zurückgebracht wurden. Shunkan allein musste auf dieser Insel zurückbleiben und dort sterben.

Dem treuen Diener Ariou wurde erlaubt, Shunkan auf dieser Insel zu besuchen. Er pflegte seinen Herrn bis zu dessen Tod und brachte das Gebein des Herrn nach Kyōto zurück, um es schließlich im Tempel auf dem hohen Kōya-Berg zu bestatten. Die Erzählung *Heike-monogatari* ist eine vergleichsweise sachliche Fassung der Geschichte von Heike. Zwar können wir nicht wissen, wie genau die dramatischen Szenen der wirklichen Geschichte nachgebildet sind, aber man darf davon ausgehen, dass es sich im Großen und Ganzen um das handelt, was in Wirklichkeit geschehen ist.

Die Tragödie der Frau und der Kinder von Shunkan ist noch bewegender als die Shunkans. Dieser musste zwar einen tragischen Tod im Exil sterben, aber der Vorlauf dazu enthält einige Elemente, die den tragischen Charakter seiner Geschichte etwas verringern. Seine »Überheblichkeit« und die »Unüberlegtheit« könnten dazu gezählt werden. Aber noch eines kommt hinzu, nämlich dass er von einem Planer der Intrige, Kyōgoku-Minamoto-no-Dainagon Narichika, wie durch eine Venusfliegenfalle zur Intrige verführt wurde. Narichika

Abb. 5: Bujō-ji

schenkte ihm zwei junge Damen, Matsu-no-mae und Tsuru-no-mae, und Shunkan wurde zuerst von Matsu-no-mae angezogen, »später aber wechselte er zu Tsuru-no-mae« (Band 3 der *Genpei-seisuiki*) und ließ diese Dame ein Mädchen gebären, sodass er am Ende nicht mehr der Einladung Narichikas zur Intrige widerstehen konnte.

Aber die schlecht vorbereitete Intrige war aussichtslos. Tada-no-Kurando Yukitsuna, der eigentlich mit der Aufgabe des Kommandeurs beauftragt worden war, floh zu TAIRA-no-Kiyomori, dem Allmächtigen, um das Ganze zu denunzieren und sich zu retten. Das war etwa so, als entlarve sich in einer Kriminalgeschichte der Täter selbst. Der Unterschied war, dass das, was geschah, kein Roman war, sondern eine Affäre in der wirklichen Welt, die eine notwendige Folge haben musste. Alle an der Intrige Beteiligten, somit auch Shunkan, wurden zusammen mit ihren Leuten festgenommen.

Die Frauen und die Kinder versuchten, »sich tief in den Bergen Kuramas oder der entfernten Provinz Daigo zu versteckten« (*Genpei-seisuiki*, ebd.). In der *Heike-monogatari* wird ebenfalls erzählt, dass »es für die Ehefrau Shunkans sehr schwer war, die kleinen Kinder in Schutz zu nehmen, sodass sie sich an einem noch tieferen Orte des Kurama-Berges versteckte« (ebd., Band 10). Mit dem Ausdruck

Abb. 6: Denkmal zum Trost der Frau und der Kinder von Shunkan

»noch tieferer Ort des Kurama-Berges« ist gewöhnlich die Gegend Kibune gemeint, aber gelegentlich auch die weit entfernte, nördliche Gegend namens »Hanase«, die von der Stadt circa 30 Kilometer entfernt ist. Dort gibt es den »Daihi-Berg«, auf dessen Hang der »Bujō-Tempel« steht, der Tempel, in dem Mönche der Schule des Bergbuddhismus »Weg-des-Übungserweises« (»Shugendō«) ihre Übungen machen (Abb. 5). Diese Schule ist eine synkretistische Form der heute noch verbreiteten Berg-Anbetung und des Buddhismus. Der dabei in Frage kommende Buddhismus wird vertreten von der Shingon- und Tendai-Schule, die beide als Schulen der buddhistischen Mystik bezeichnet werden können. Etwa im Mittelpunkt der vierhundert-stufigen Steintreppe des Bujō-Tempels steht »das Denkmal zum Trost der Frau und der Kinder von Shunkan« (Abb. 6).

Zu diesem Berg-Tempel fährt heute dreimal am Tag ein Bus. Die Fahrtzeit ist circa anderthalb Stunden. Der Bus fährt durch die Wälder Kitayama (Nordberge) hindurch und über den Hanase-Pass hinaus. Wenn man in der Vorstellung die Eichen- und Tannenbäume im deutschen Schwarzwald mit den Kitayama-Zedern ersetzt, bekommt man ein gutes Bild von der Gegend Kitayama-Wald. Aber der Busweg ist schmal, sodass, wenn ein anderes Auto entgegenkommt, der Bus nach einem Platz suchen muss, um das andere Auto vorbeifahren zu lassen. Wenn Bergsteiger oder Waldarbeiter unterwegs mit den Händen signalisieren, hält der Bus an, um sie mitzunehmen. Wie konnten die Ehefrau und die kleinen Kinder Shunkans einst, wo selbst diese Bus-Straße nicht gebahnt worden war, zum Bujō-Tempel gelangen?

Konnten sie sich, nachdem sie zum Tempel gelangten, endlich sicher wähnen? So bequem war es in Wirklichkeit wohl nicht. Denn anstelle von Soldaten der Heike überfiel sie die Kälte im Winter. Der kleine Knabe starb bald in diesem Tempel. Damals, als es keine genügenden Mittel zum Wärmen gab und nur die entschiedenen Mönche des Bergbuddhismus die harte Übung überstanden, hatte der kleine Knabe die Kälte nicht ertragen können. Selbst heute wird der Tempel während des Winters wegen des tiefen Schnees geschlossen, sodass kein fremder Besucher zugelassen wird. Wohl vor Trauer und Ermüdung starb auch die Mutter des Knaben. Nur die zwölfjährige Tochter blieb zurück. Ariou, der treue Diener, berichtete über all dieses seinem Herren Shunkan auf der »Insel der Dämonenwelt«. Als er mit den Gebeinen des Herrn von der Insel nach Kyōto zurückkam, besuchte er die Tochter, um dieser über die letzten Tage ihres Vaters zu berichten. Die Tochter »ging taumelnd aus, indem sie ihre Haare abschnitt, ohne zu sagen, wohin sie geht« (*Genpei-seisuiki*, Band 10). Ariou konnte sie nicht einfach gehen lassen. Er nahm sie mit zum Kōya-Berg, wo sie zur Nonne wurde in jenem Tempel, in dem Ariou die Gebeine seines Herrn niederlegte. Der Zeit-Raum Shunkans überlappt sich hier mit dem seiner Tochter und erreicht den von Kyōto weit entfernten Kōya-Berg in der Wakayama-Präfektur.

Der Priester-Rang »Sōzu« von Shunkan gehört zur Shingon-Schule des Buddhismus. Dass die Ehefrau Shunkans sowie seine Kinder sich zuerst im Bujō-Tempel verstecken durften und dass das Gebein Shunkans in einem Tempel auf dem Kōya-Berg niedergelegt wurde, weiterhin, dass die zwölfjährige Tochter Shunkans dort zur Nonne wurde, das alles weist auf den Bergbuddhismus hin, den »Weg-des-Übungserweises«.

Abb. 7: Kamin am Daimonji

Der Philosophenweg und der Bergbuddhismus

Es dürfte für viele Leser und auch für die meisten Bürger Kyōtos eine Überraschung sein, zu hören, dass der Bergbuddhismus »Weg-des-Übungserweises« *(Shugendō)* und der Philosophenweg einander nahestehen.

Zuerst ist darauf hinzuweisen, dass der Daimonji-Berg die erste Höhe auf dem 11 km langen Nyoi-Pfad von Kyōto nach Shiga ist. Der Daimonji-Berg liegt westlich des Nyoi-Berges und gehört gänzlich dem Territorium des Nyoi-Tempels als eines Zweiges des großen Mii-Tempels an. Dieser Mii-Tempel ist der Haupttempel des mystischen Buddhismus der Tendai-Schule. Alle einstigen Gebäude auf diesem Berg gehörten also dem Nyoi-Tempel an, dessen Territorium sich bis zum Philosophenweg erstreckte. Somit wurde dieser wie auch die ganze Gegend vom *Shugendō*-Buddhismus als einer Linie des mystischen Bergbuddhismus geprägt.

Auf dem Berghang Daimonji, wo im Sommer zur Feier der Verabschiedung der Totenseelen Brennhölzer in Form des Schriftzeichens »Groß« (大) gezündet werden, gibt es einen Kamin. Auf diesem ist der Name des Gründers der Shingon-schule, »Kōbō-daishi«, inskribiert (Abb. 7). Wenn man von dort aus bis zum Gipfel des Berges

Abb. 8: Übungsplatz des Bergbuddhismus

aufsteigt und weiter auf dem Bergpfad zum Nanzen-Tempel im Süden absteigt, kommt man unterwegs zum Wasserfall, wo die Mönche des »Weges des Übungserweises« die »Wasserfall-Übung« machen, bei der sie sich längere Zeit unter den Wasserfall stellen (Abb. 8). Dieser Übungsplatz gehört dem Haupttempel der Schule des Shugendō an. Man kann in umgekehrter Richtung hinter dem Nanzen-Tempel als einem der fünf Haupttempel des Zen-Buddhismus in Kyōto über diesen Platz der Wasserfall-Übung hinaus zum Daimonji-Berg aufsteigen. Der Bergpfad ist nicht so steil und schwierig zu gehen, aber dafür ist die Strecke viel länger. Man müsste mit gut zwei Stunden rechnen, um den Gipfel zu erreichen. Außerdem begegnet man, wenn man hinter dem Nyakuōji-Schrein – also direkt am südlichen Ende des Philosophenweges – auf den Berg steigt, ebenfalls dem Schrein der himmlischen Buddha-Figur Fudō-myō-ō sowie kleinen Wasserfällen. Der Daimonji-Berg im Ganzen wird also als ein göttlicher Körper verehrt und der Philosophenweg birgt in sich insofern einen Nachschein der Berg-Anbetung des Bergbuddhismus.

Abb. 9: Jizō-son Schrein/Tempel

Im Zusammenhang mit dem »Weg-des-Übungserweises« ist noch ein Gebäude zu nennen, das teils wie ein Shintō-Schrein, teils wie ein buddhistischer Tempel aussieht (Abb. 9). Auf der roten Stehflagge vor diesem Gebäude steht geschrieben: »Jizō-son des Glücks«, womit auf den mythologischen Kinderschutz-Bodhisattva Jizō hingewiesen wird. Auf der Vorderseite ist aber eine Glocke mit Zopf zum Beten aufgehängt und ein Opferkasten aufgestellt wie bei einem Schrein. Das Gebäude heißt offiziell »Miroku-in«, als wäre es ein Tempel, der verwaltungsgemäß dem Haupttempel des Bergbuddhismus Shugendō in der Gegend Shōgo-in angehört.

Der Philosophenweg sowie der Daimonji-Berg dahinter bergen in dieser Weise den Nachschein des bergbuddhistischen Glaubens in sich, und diese religiöse Spiritualität schlägt sich auch in den literarischen Gestaltungen der Geschichte Shunkans nieder. Allerdings findet diese Geschichte nicht in erster Linie wegen ihrer Spiritualität, sondern vielmehr wegen der wiederholten Bearbeitung des Stoffes in Literatur und Theater bis heute Beachtung. Man kann sagen: »Es gibt kaum eine so mehrfach verschönerte Geschichte, wie sie in der Welt um den Priester Shunkan herum erzählt wird!«

Jedoch, wenn es sich so verhält, würde man sagen, dass es im Theater oder in der Literatur und nicht auf dem Philosophenweg ist, wo das Schöne der Erzählung Shunkans als »Schein des Vergangenen, das nicht vergeht« begegnet. Jedoch ist jenes *zanshō-bi* an sich selbst eine virtuelle Realität. Die im Theater oder in der Literatur erzeugte »Realität« von Shunkan erscheint auch auf dem Philosophenweg, sobald man die Einbildungskraft betätigt. Als eine der drei Dinge, die für den Spaziergang auf dem Philosophenweg nützlich sind, wurde anfangs die Einbildungskraft genannt. Die Stele Shunkans, die neben der Eingangstreppe zum Reikan-Tempel steht, erscheint durch diese Einbildungskraft als der Wegweiser der Gegenwart in den Geschichtsraum des Philosophenwegs.

3. Kamakura-Zeit (1192–1333): Die »Frauenhinfahrt ins Reine Land«. Die Hofdamen Matsumushi und Suzumushi und die Enthauptung der zwei Priester. Der Anraku-Tempel

Zwei Waka-Gedichte

Hinter dem Kaisergrab Reizeis steht der elegante, anmutige »Anraku-Tempel« (Abb. 1). Geht man die Treppe zum Eingang hinauf, findet man links den gut gepflegten Garten mit einem Teich und rechts ein halb von den Bäumen überdecktes Steinmonument. Auf diesem Monument sind mit ebenfalls eleganter Schrift zwei Waka-Gedichte geschrieben (Abb. 2). Der Rhythmus der Buchstaben von 5 – 7 – 5 – 7 – 7 ist unübersetzbar, sodass nur die sinngemäßen Übersetzungen von mir beigefügt werden können:

極楽に生まれんことのうれしさに　身をばほとけにまかすなり希里（けり）住蓮坊

»Gokuraku ni umaren koto no ureshisa ni, mi woba hotoke ni makasu narikeri.«

(In Freude auf die Wiedergeburt im Reinen Land überlasse ich mich gänzlich dem Buddha. Priester Jūren)

今はただ云ふ言の葉もなかりけり南無阿弥陀仏のみ名のほかに葉（は）安楽坊

»Ima wa tada iu kotonoha mo nakarikeri, Namuamidabutsu no mina no hoka niwa.«

(In diesem Augenblick habe ich kein Wort mehr außer dem der Hingabe zu Buddha »Namuamidabutsu« Priester Anraku)

Der Klang der Gedichte vermittelt eine elegant-anmutige Stimmung. Allerdings klingen sie eher wie fromme Worte der Gläubigen als wie dichterische Werke und erwecken also keine besondere Anregung. So neigt man dazu, an dem Steinmonument einfach vorbeizugehen. Aber man wird doch kurz aufgehalten, sobald man auf das erste Wort im zweiten Gedicht »*Ima wa tada*« (In diesem Augenblick) aufmerk-

Abb. 1: Treppe zum Anraku-ji

sam wird. Die danach folgende Zeile, »ich habe kein Wort mehr außer dem der Hingabe zu Buddha« *(Namuamidabutsu)*, trägt, wenn man sie so hören will, eine gespannte Stimmung.

Wenn man deshalb anhält, fällt auch etwas im ersten Gedicht auf, das mit den Worten beginnt: »*Gokuraku ni umaren koto no ureshisa ni*« (In Freude auf die Wiedergeburt im Reinen Land). Zwar klingen auch diese Worte wie diejenigen eines Gläubigen, der jeden Tag den Namen Buddhas rezitiert. Aber besagt die Wiedergeburt im Reinen Land nicht in erster Linie das »Sterben«? Wieso ist das Sterben eine »Freude«? Die letzte Hälfte des Gedichtes ist tatsächlich kein Ausdruck des fröhlichen Aufspringens, sondern eher der ruhigen Resignation und der Gelassenheit. Zwischen ihr und dem Wort »Freude« in der ersten Hälfte liegt ein Stufenunterschied der Stimmung.

Hier fällt dem beinahe schon vorbeigegangenen Beobachter etwas ein: Handelt es sich bei diesen zwei Gedichten nicht um den »Abschied von dieser Welt«? Wenn man dies bemerkt, verschwindet der erste Eindruck von »Eleganz und Anmut« der Gedichte und des Steinmonumentes.

Als ich zum ersten Mal in den Garten dieses Tempels eintrat, wusste ich nichts von diesem Tempel, ebenso wenig wie vom Gedichtmonument. Ich hatte eine kleine Wanderung auf dem Daimonji-Berg gemacht und kam hinter dem Tempel an. Zunächst war kein Eingang zu finden, aber dann fand ich einen Hintereingang, der halb offen-

Abb. 2: Gedichtmonument von Jūren und Anraku

stand. Ich spähte hinein und sah den Garten des Anraku-Tempels, der sehr einladend aussah. Vielleicht war irgendeine Veranstaltung wie die Teezeremonie oder eine Ausstellung zu Ende, denn einige Leute im Tempel beschäftigten sich mit Aufräumarbeiten. Sie schienen mich als einen der Teilnehmer dieser Veranstaltung zu betrachten. Ohne verdächtigt zu werden, konnte ich durch den Vordereingang wieder herausgehen, der gerade dabei war, zugemacht zu werden. Es war beim Ausgehen durch dieses Eingangstor, dass ich das genannte Gedichtmonument sowie die zwei Gedichte darauf erblickt habe.

Nachher recherchierte ich einiges bezüglich dieser Gedichte. Es handelt sich tatsächlich, wie ich geahnt hatte, um die Verabschiedung von dieser Welt, und zwar nicht im Sinne der oft zu findenden Verabschiedung auf dem Sterbebett. Es waren die Gedichte der Priester Jūren und Anraku bei der Vollstreckung ihrer Todesstrafe in Form der Enthauptung. Der erstere wurde in der Gegend Mabuchi in der Präfektur Shiga und der letztere am Ufer Rokujō des Flusses Kamo in Kyōto enthauptet. Die Priester hatten sicherlich nicht vor Ort bei der Vollstreckung der Todesstrafe, sondern vorher diese Gedichte ersonnen, indem sie sich innerlich mit dem Ende ihres Lebens auseinandersetzten. Wenn man weiß, dass die Gedichte von Menschen stammen, die bald enthauptet werden sollen, sieht man, dass der beim ersten Vorbeigehen erreichte Eindruck »Anmut« oder »Eleganz« sich zu dem Eindruck einer Solennität verinnerlicht. Die »Freude auf die

Wiedergeburt im Reinen Land« wird hier von äußerst ernsthafter Entschiedenheit geprägt, was ganz ungewöhnlich ist.

Die Passion von Hōnen und Shinran. Aus der Schrift »Tanni-sho«

Warum aber wurden Priester von solch hoher Spiritualität mit dem Tode bestraft?

Bei einem geschichtlichen Ereignis gibt es immer zwei Aspekte: »Grund« und »Figur«. Diese Termini stammen eigentlich aus der Gestaltpsychologie, in der z. B. gezeigt wird, dass ein Bild auf den ersten Blick die »Figur« eines Topfs darzustellen scheint, aber wenn man auf den »Grund« aufmerksam wird, ein Menschengesicht in den Vordergrund kommt. Der »Grund« im vorliegenden Fall ist der geschichtliche Hintergrund in Form der Grundströmung der Welt und die »Figur« der unmittelbare Anlass zum Ereignis bzw. der Verlauf auf der sichtbaren Oberfläche. Fehlt einer dieser Aspekte, geschieht kein geschichtliches Ereignis.

Recherchiert man über den »Grund« der Geschichte der Enthauptung der zwei Priester, so stellt sich heraus, dass hinter dieser Geschichte der starke Druck des alten Buddhismus auf den neuen Buddhismus des Reinen Landes wirkte. Der erstere wurde vertreten vom Kōfuku-Tempel in Nara und vom Enryaku-Tempel auf dem Hiei-Berg, während der letztere von Hōnen (1133–1212) und Shinran (1173–1262) eingeführt wurde. Als die »Figur« dieses Ereignisses gilt ein teilweise dramatischer Verlauf, der mit zwei Hofdamen eng zu tun hat, und diese »Figur« ist das im Folgenden zu erörternde Thema.

Aber vorher ist noch der genannte »Grund« etwas ausführlicher zu betrachten. Der Schrift *Tan-ni-shō* (wörtlich: »Die Klage über die schiefen Ansichten«), verfasst von Yuien (?–1288 oder 1289), einem treuen Schüler Shinrans, wurde ein Nachwort hinzugefügt. Dieses beginnt mit den folgenden Worten:

»In der Zeit des zurückgetretenen Kaisers Gotoba hat der heilige Geistliche Hōnen die Schule des Glaubens-an-die-Kraft-des-Anderen-im-Nenbutsu *(tariki-hongan-nenbutsu-shū)* gegründet.« Das Wort »Kraft-des-Anderen« *(tariki)* wird genutzt für die Differenzierung von der Richtung der »Kraft-des-Eigenen« *(jiriki)*, vertreten vom Zen-Buddhismus, in dem das Erwachen als durch stetige Übung zu Leistendes angesehen wird. Als Ausdruck des Glaubens an die

Kraft-des-Anderen, d. h. die Kraft-des-Amida-Buddhas, sollte der Name dieses Buddhas intensiv und ständig rezitiert werden, was »Nenbutsu« genannt wird.

Yuien fährt fort: »Indessen haben die Priester im Kōfuku-Tempel dem Kaiser eine feindselige Klage vorgelegt. Als Folge der grundlosen Vorwürfe, dass Schüler der Schule Jōdō Shinshū einige Untaten verübt hätten, wurden diese Schüler bestraft. Die Namen der Bestraften seien im Folgenden anzugeben.«

Diesen Zeilen folgen die Namen und die Vergehen der Bestraften. Hōnen wurde zum Exil in die südliche Provinz Tosa, in Wirklichkeit allerdings nach Sanuki, und Shinran in die schneereiche Provinz Echigo verbannt. Die vier Namen der zum Tode Verurteilten fallen auf. Als der dritte steht der Name Jūren und als der vierte Anraku. Dieser Vorfall wird von der Seite der Schule des Reinen Landes die »Passion in der Zeit Ken-ei bzw. Shōgen« genannt. Da sich das letzte Jahr der ersteren Epoche, 1207, mit dem ersten Jahre der letzteren Epoche deckt, gibt es zwei Bezeichnungen für das Ereignis im Jahr 1207.

Der einfachen Darstellung Yuiens entnimmt man nicht, warum diese Leute zum Exil oder zum Tod verurteilt wurden. Man sieht nur einen Ansatzpunkt im Ausdruck »die grundlosen Vorwürfe, dass Schüler dieser Schule einige Untaten verübten«. Jūren und Anraku waren die genannten Schüler. Aber welche »Untaten« hatten sie angeblich begangen?

Blättern wir in der Schrift »*Gukanshō*« von Jien (1155–1225), der Priester der Tendai-Schule und Reformator des alten Buddhismus war. Er war zwar ein viel respektierter Priester von hoher Tugend, gehörte aber der Seite an, die auf den neuen Buddhismus Druck ausübte. So ist der Ton der Schrift sehr anders als der des von Yuien verfassten, obigen »Nachwortes«. Eine Passage sei im Folgenden wiederum in meiner Übersetzung zitiert:

»In der Ken-ei Zeit gab es einen Priester namens Hōnen, der die Schule namens ›Nenbutsu‹ verbreitete. Er behauptete, dass man nur ausschließlich den Namen Buddhas zu rezitieren brauche und dass man die Übung im überlieferten Buddhismus, d. h. das Sutra-Lesen oder das Beten, gar nicht brauche. Seine Lehre freute die dummen und unwissenden Nonnen und sie gedieh. Unter den Schülern war einer namens Anraku, der früher Samurai beim Fürsten Yasutsune war. Er wurde zum Mönch des Ausschließlichen-Nenbutsu *(Senshū-nenbutsu-shū)*. Zusammen mit dem Mönch Jūren durchlief er dauernd die sog. ›sechs-Mal-eine-Übungsreihe von Nenbutsu‹.

Die beiden wurden von den Bauern und Nonnen verehrt. Es verbreitete sich die Ansicht, dass, wenn man zu einem Mönch von dieser Art würde, man nicht von Buddha beschuldigt werde, auch wenn man mit Weibern verkehre und Fisch- oder Vogelfleisch zu sich nehme. Man brauche nur an Nenbutsu zu glauben. Inzwischen haben die Damen des Hofs des zurückgetretenen Kaisers heimlich Anraku zu sich kommen lassen, um diesen die Lehre des Nenbutsu predigen zu lassen, und sie gingen selber zu ihm. Es ging so weit, dass sie ihn nachts im Hof des zurückgetretenen Kaisers übernachten ließen. So wurden am Ende Anraku und Jūren enthauptet. Hōnen wurde zum Exil verurteilt und durfte nicht länger in Kyōto wohnen.« (Aus dem 6. Band des *Gukanshō*)

Die Tonsur von Matsumushi / Suzumushi und der Zorn des Ex-Kaisers Gotoba

Die Schrift *Gukanshō* von Jien ist im Großen und Ganzen als historische Schrift mit einer geschichtsphilosophischen Ansicht einzuschätzen, aber was das vorliegende Ereignis betrifft, kommt sein persönliches Gefühl als das eines Alt-Buddhisten gegenüber der neu entstandenen Nenbutsu-Schule deutlich zum Ausdruck. Weiterhin hat er – mit oder ohne Absicht – einen wichtigen Aspekt des Ereignisses ausgelassen. Die zwei Hofdamen nämlich, die dem zurückgetretenen, aber nach wie vor mächtigen Ex-Kaisers Gotoba dienten, Matsumushi und Suzumushi (die Namen bezeichnen eigentlich Insekten im Herbst, die mit schöner Stimme singen), haben ihre Haare durch Jūren und Anraku schneiden lassen, um zu Priesterinnen zu werden, und zwar während der Abwesenheit von Gotoba, der zum Kumano-Schrein gereist war. In den Augen des Priesters Jien, der die Tendai-Schule des alten Buddhismus vertreten hatte, waren Frauen, die zu Nonnen der von ihm nicht anerkannten Schule des Nenbutsu werden, »dumme und unwissende Nonnen«, die zu erwähnen nicht nötig schien.

Das von Jien ausgelassene Ereignis, die Tonsur der Hofdamen Matsumushi und Suzumushi, wird in *Anraku-ji ryaku-engi* (»Kurzhistorie des Anraku-Tempels«) dargestellt.

Folgen wir der Darstellung dieses Dokumentes.[2] Matsumushi und Suzumushi waren die Hofdamen eines Ministers von hohem Rang in Imadegawa, einem Viertel der Stadt Kyōto, und hatten beide eine »sehr hübsche Figur«. In der Tat sehen sie auf den im Anraku-Tempel aufbewahrten zwei Bildern »Die Tonsur von Matsumushi

Abb. 3: Tonsur der Hofdamen

und Suzumushi« hübsch aus (Abb. 3). Auf dem einen Bild ist Jūren gerade dabei, die langen schwarzen Haaren von Matsumushi mit einer Schere abzuschneiden, auf dem anderen beten Anraku und Suzumushi mit gefalteten Händen. Die im schwarzen Klerikergewand stehenden Priester und die in roten Hakama-Hosen sitzenden Hofdamen ergeben einen bemerkenswerten Kontrast. Matsumushi war 19 Jahre alt und Suzumushi 17 Jahre alt. Die Damen erhielten nach der Tonsur die Nonnen-Namen Myōchi (Wundersame Weisheit) und Myōtei (Wundersame Keuschheit).

Die Frage erhebt sich aber, warum diese zwei Hofdamen eigens während der Abwesenheit des zurückgetretenen Kaisers Gotoba sich der Tonsur unterzogen, wodurch Gotoba sicherlich zornig werden musste. Aber der Grund dafür lässt sich ziemlich leicht vermuten. Der Ex-Kaiser Gotoba, der auch nach dem Rücktritt die politische Macht beibehielt, wurde von den Priestern des politisch und militärisch starken Kōfuku-Tempels in Nara und des Enryaku-Tempels auf dem Hiei-Berg aufgefordert, »das Einstellen des Nenbutsu« zu erklären. Es war ausgeschlossen, dass Gotoba in dieser Situation den beiden Hofdamen erlaubt hätte, ausgerechnet in der Nenbutsu-Schule Priesterinnen zu werden. Ohnehin hätte er es auch gewiss vorgezogen, diese schönen jungen Damen bei sich zu haben. Andererseits waren Matsumushi und Suzumushi nach der *Kurzhistorie des Anraku-Tempels* von vornherein von erbaulicher Gesinnung. Sie besuchten Jūren und Anraku in ihrer Übungsstätte und waren von den schönen Stimmen der beiden Priester bei ihrem Nenbutsu angetan. Sie wünschten, selber Priesterinnen zu werden. Da die Erlaubnis von Gotoba nicht zu erwarten war, entschlossen sie sich, im Geheimen zu handeln.

Aber trotz Berücksichtigung all dieser Umstände sollte gesagt werden, dass die zwei Priester in ihrer Beurteilung der Situation zu wenig umsichtig waren. Denn die Hofdamen des Ex-Kaisers Gotoba während dessen Abwesenheit tonsurieren und zu Nonnen werden zu lassen, konnte nichts anderes bedeuten, als sich offen dem Ex-Kaiser zu widersetzen. Sie waren weiterhin auch etwas zu unvorsichtig, als sie, wie Jien beschreibt, nachts auf Einladung der Hofdamen in deren Palast übernachteten. So hat sich der zornige Ex-Kaiser Gotoba entschlossen, die »Schule des Ausschließlichen Nenbutsu« *(Senshū-nenbutsu-shū)* zu unterdrücken.

Übrigens stand die Hütte von Jūren und Anraku, zu der Matsumushi und Suzumushi zu Besuch gingen, etwa einen Kilometer östlich vom gegenwärtigen Anraku-Tempel, somit von der Stadt Kyōto her gesehen noch abgelegener. Aber die Hütte von Jūren und Anraku war ein rege besuchter Treffpunkt der Gläubigen. Indessen hatte sich der Glaube-ans-nahende-Ende-der-Welt *(Mappō-shisō)* verbreitet, wonach die End-Epoche der Welt im Jahre 1052 begonnen haben soll. In dieser Stimmung der Zeit begeisterte die Lehre der Nenbutsu-Schule, der zufolge man durch die intensive Rezitation des Namens von Buddha allein ins Reine Land eingehen kann, das Volk in allen sozialen Schichten. Der gegenwärtige Anraku-Tempel wurde in der Muromachi-Zeit (1533–1555) zur Verehrung der beiden Priester gebaut. Der offizielle Name des Tempels wurde von diesen beiden Priestern genommen und lautet: »des Jūren-Berges Anraku-Tempel«. Figürliche Darstellungen der zwei Priester sind zusammen mit den zwei zu Nonnen gewordenen Hofdamen in einem Schrein ausgestellt (Abb. 4).

Abb. 4: Schrein der Hofdamen

Die Frauenhinfahrt ins Reine Land *(Nyonin-ōjō)*

Der Hintergrund der Erzählung von »Shunkan« im vorigen Kapitel war das Aufblühen der herrschenden Familie Heike und der Widerstand einiger Leute dagegen. Nach dem Sterben Shunkans im Exil (1179) bis zur »Passion in der Zeit Ken-ei« sind nicht einmal dreißig Jahre vergangen. Aber die historische Konstellation hat sich völlig geändert. Die Familie Heike ist nach der Seeschlacht von Dan-no-ura (1185) untergegangen, und die Familie Genji hat die Macht ergriffen. Der Ex-Kaiser Gotoba (1180–1239), der die Priester Jūren und Anraku zum Tod verurteilt hatte, erlitt beim »Vorfall in der Zeit Jyō-kyū« (1221) gegen die Shōgun-Regierung eine Niederlage und wurde zum Exil auf der öden Insel Oki-no-shima verurteilt. Dadurch wurde die Basis der Shōgun-Herrschaft etabliert. Der Wechsel von der Heian-Zeit zur Kamakura-Zeit hatte begonnen und der Heian-Buddhismus wurde durch den Kamakura-Buddhismus ersetzt. Matsumushi und Suzumushi erlebten diese turbulente Periode als junge Damen.

Stellen wir wiederum anhand der *Kurzhistorie des Jūren-Berg-Anraku-Tempels* fest, wie diese Damen weitergelebt haben. Aus Angst vor der Verfolgung durch den Ex-Kaiser zogen sie sich in den

Tempel Sanmai-in auf der Insel Ikuchi-jima in der Hiroshima-Präfektur zurück. Das war zwar kein Tempel der neuen Nenbutsu-Schule, sondern der Shingon-Schule des alten Buddhismus. Aber als Ort des abgeschiedenen Lebens war es dort sicherer. Die zwei Nonnen lebten dort im Gedenken der Priester Jūren und Anraku. Sie starben dort, »Matsumushi im Alter von 36, Suzumushi von 45«, so die *Kurzhistorie*. Dieses Dokument sagt weiterhin, dass die zwei Damen diejenigen waren, die zuerst ihren Wohnort verließen, die Begierden des weltliche Lebens abschüttelten, dem Ehrgeiz entsagten und zu »Vorgängerinnen in der Frauenhinfahrt ins Reine Land« wurden.

Vom Standpunkt des Mahâyâna-Buddhismus her gesehen, dessen zentraler Gedanke die »Leerheit« (Sanskrit: śūnyatā) ist, kann es eigentlich keine Ungleichheit zwischen Mann und Frau geben. Im fundamentalen Sutra des Mahayana-Buddhismus, *Kan-muryōju-kyō* (»Das Sutra der Visualisierung des ewigen Lebens«) redet der Sakyamuni-Buddha zu den fünfhundert Hofdienerinnen: »Ihr alle sollt ins Reine Land hinfahren. Ihr werdet in jenem Reinen Land wiedergeboren und das Erscheinen der Buddhas vor euch sehen.« (*Kan-muryōju-kyō*, das 31. Gelübde) Das ist eine Stelle, wo die Frauenhinfahrt ins Reine Land von Buddha selbst angesprochen wird. Allerdings herrschte in der realen Welt offensichtlich eine »Männergesellschaft«. In der Heian-Zeit hatten die Frauen zwar, beschränkt auf die literarische Welt, bereits deutlich die Initiative ergriffen, was bei den bis heute populären Hof-Schriftstellerinnen wie Murasaki-shikibu (970?–1014?) oder Sei Shōnagon (966?–1025?) zu sehen ist. Aber dies änderte nichts an der Wirklichkeit, in der die konventionelle Idee, die Frauen seien Wesen von »fünf Hindernissen und drei Unterwerfungspflichten«, überliefert wurde. Die Ansicht der fünf Hindernisse besagt, dass eine Frau weder zu einem der vier Himmelsgötter (Bonten, Taishaku-ten, Maō-ten, Tenrin-ten) noch zu Buddha werden könne. Die drei Unterwerfungspflichten heißen, dass die Frauen verpflichtet sind, sich als Tochter dem Vater, als Ehefrau dem Ehemann und als Witwe dem Sohn zu unterwerfen.

Dass die Möglichkeit der Frauenhinfahrt ins Reine Land für die Frauen von damals ein gewichtiges Anliegen war, wird im letzten Band der *Heike-monogatari*, im Band *Kanjō* (»Gießen des reinigenden Wassers«) ausgedrückt. Kenreimon-in, die Tochter des bereits verstorbenen, zu Lebenszeiten allmächtigen TAIRA-no-Kiyomori und Ehefrau des Kaisers Takakura sowie Mutter des kleinen Kaisers, der in der Seeschlacht von Dan-no-ura im Schoß seiner Dienerin im

Meer ertrank, zog sich nach dem Untergang der Heike-Familie in den Tempel Jakkō-in in der entlegene Gegend Ōhara nördlich von Kyōto zurück. Sie wurde zur Priesterin und lebte mit Nenbutsu. Der zurückgezogene, aber noch mächtige Ex-Kaiser Goshirakawa besuchte sie einmal dort und tröstete sie mit den Worten: »Es gibt keinen Zweifel darüber, dass Sie im Nachleben im Reinen Land geboren werden.« Auch Kenreimon-in betete auf dem Sterbebett zu Buddha: »Bitte lass mich zum Reinen Land des einzigen Buddhas, Amida, gehen« (das Buch *Kanjō* in der *Heike-mongatari*).

Diesem Anliegen der Zeit antwortend traten Hōnen und Shinran auf, die die »Frauenhinfahrt ins Reine Land« befürworteten. Allerdings ist es nicht so klar, ob die beiden großen Reformatoren des japanischen Buddhismus gänzlich von der konventionellen Ansicht über die Rolle der Frauen abgekommen waren. Shinran war der Ansicht, dass den Frauen erst durch den Prozess des *Henjō-nanshi* (»Verwandlung in den Männerleib«) die Frauenhinfahrt ins Reine Land ermöglicht wird (vgl. sein Lob des Reinen Landes *Jōdo-wasan*, Kapitel *Daikyō-san*). Auch in seinem Lob der hohen Priester *Kōsō-wasan* schreibt er: »Wie können die Frauen ihren Leib in den Buddha-Leib verwandeln, wenn sie sich nicht ihrer fünf Hindernisse entledigen?« Er geht von der konventionellen Ansicht von »fünf Hindernissen und drei Unterwerfungspflichten« aus. Einige Forscher sagen, dass Hōnen in der Ansicht der Frauenhinfahrt ins Reine Land radikaler war. Aber soweit ich sehe, gibt es keine ausdrückliche Zurückweisung der Idee von »fünf Hindernissen und drei Unterwerfungspflichten«, wenn auch keine bloße Übernahme dieser Ansicht zu finden ist.

Aber auch große Denker werden von der Bedingtheit durch die Zeit nicht verschont. Gleichwohl ist es bemerkenswert, dass die zwei Reformatoren einen epochalen Wandel eingeleitet haben, indem sie die Lehre von der Frauenhinfahrt ins Reine Land entwickelt haben.

Matsumushi und Suzumushi waren Frauen, die nicht nur die Frauenhinfahrt ins Reine Land wünschten, sondern mit ihrem entschiedenen Schritt realisieren wollten, obwohl sie wussten, dass dies dem Ex-Kaiser Gotoba nicht gefallen würde. Dass die ihretwegen enthaupteten zwei Priester den zwei Hofdamen nicht grollten, ist an ihren oben zitierten Gedichten zu sehen. Wenn es sich so verhält, könnten die Gedichte auch als Ausdrücke der zwei Hofdamen selbst gehört werden. Auf die Seitenwand der Nische, in der ein Schrein der zwei Hofdamen-Nonnen ausgestellt wird, ist eine zum Himmel hin-

Abb. 5: Himmelsdame

gefahrene Dame gemalt, wie sie auf den Wolken sitzend die Flöte spielt (Abb. 5).

Am Anraku-Tempel als Eingang in den Geschichtsraum des Philosophenweges begegnen wir einer 900 Jahre alten Quelle, in der die Diskurse der »Gender Studies« in der gegenwärtigen Philosophie bereits anklingen. Die Erzählung von den zwei Damen, die glaubten, ebenso wie die Männer zur Himmelfahrt berechtigt zu sein, schlägt in ihrem Nachschein unversehens in die Erzählung der Gegenwart um.

Übrigens war es das Gedichtmonument im Garten des Anraku-Tempels, was mich zu diesem Nachschein hinführte. Dass auf dem Philosophenweg hier und da Gedichtmonumente stehen, wird später noch ausführlicher zur Sprache kommen (10. Kapitel). Sie markieren Orte, an denen ihre spezifische »Gestaltung aus Stein« erstrahlt, und deren ästhetische Wirkung untrennbar mit ihrer Funktion als *Geschichtsdokument* verbunden ist. Dieses Erstrahlen ist wiederum ein ästhetisches Scheinen des Vergangenen, das nicht vergeht.

4. Muromachi-Zeit (1336–1573): Die Strahlung aus dem Morgentraum von Shōgun Yoshimasa. Der Silber-Tempel und die Higashiyama-Kultur

Ōnin-Krieg

Über den Kaiser Reizei, von dem wir im ersten Kapitel gehört haben, ist nur sehr wenig bekannt. Der Priester Shunkan aus dem zweiten Kapitel ist zwar dem Namen nach bekannt, aber seine Geschichte ist weithin in Vergessenheit geraten. Die Hofdamen Matsumushi und Suzumushi aus dem dritten Kapitel scheinen zwar einen kleinen Kreis von Verehrern zu haben, sind aber sonst ebenso wenig bekannt. Dagegen ist der Silber-Tempel, der im Folgenden dargestellt wird, ein berühmter Ort, der 1994 zum Weltkulturerbe ernannt wurde und den alle Touristen, die nach Kyōto kommen, neben anderen berühmten Tempeln wie dem Kiyomizu-Tempel oder dem Kinkaku-Tempel besuchen. Der Erbauer ASHIKAGA Yoshimasa (1436–1490, Regentschaft als Shōgun 1449–1473) steht im Lehrbuch des Geschichtsunterrichts, sodass jeder Japaner ihn aus der Schule kennt.

Wenn dieser Tempel so bekannt ist, gibt es dann überhaupt noch etwas, worüber neu zu schreiben ist? Und ist nicht überhaupt alles, was ich hier darstelle, mehr oder weniger die zweite Version dessen, was schon in irgendeinem Touristenführer erwähnt wird? Das mag so sein, aber zugleich sollen meine Ausführungen es ermöglichen, den Philosophenweg auf neue Weisen wahrzunehmen. Denn es geht im Folgenden nicht um touristische Informationen, sondern um eine Einführung in den antiken Geschichtsraum, in dem die dämonische sowie die heilige Natur der »Schönheit« wirksam ist.

Der historische Hintergrund der Entstehung des Silber-Tempels ist der elf Jahre lang dauernde Ōnin-Krieg (1467–1477), der in ganz Japan gekämpft wurde. Ein Anlass zu diesem Krieg war die Frage der Nachfolge Yoshimasas selbst. Ein großer Historiker der ostasiatischen Geschichte, Konan Naitō (1866–1934), sagt in seinem Vortrag »Über den Ōnin-Krieg« (1921, gedruckt im Bd. 9 seiner Gesamtausgabe *Naitō Konan zenshū*): »Es war doch nur während drei oder vier Jahren, dass der Ōnin-Krieg tatsächlich in Kyōto gekämpft wurde, obwohl man davon redet, dass dieser Krieg zehn Jahre lang dauerte. Allerdings wurden während dieser drei oder vier Jahre alle Wohnhäuser und Tempel in und außerhalb der Stadt Kyōto komplett in Brand gesetzt und vernichtet.«

Naitō ist einer der bekannten Leute, die auf dem Friedhof des Tempels Hōnen-in, der am Philosophenweg liegt und später nochmals erwähnt werden wird, begraben sind. Da die japanische Geschichte nicht sein eigener Forschungsbereich ist, bezeichnet er seinen Vortrag als »Probekampf gegen die Fachleute des anderen Fachs« (jap.: *taryū-jiai*). Allerdings ist dies Ausdruck seiner Bescheidenheit. Seinem Vortrag entnimmt man immer wieder lehrreiche Ansichten, die er auch im Vergleich mit der chinesischen Geschichte, in der er sich bestens auskennt, ausspricht. Nachdem er die Verwüstung der Stadt Kyōto darstellt, sagt er:

»Eine solche Verwüstung ist allerdings im Hinblick auf das, was im Ōnin-Krieg eigentlich geschehen ist, eine Kleinigkeit: Die weit größere Bedeutsamkeit in der japanischen Geschichte liegt anderswo, außerhalb dieser Verwüstung« (Band 9 der Gesamtwerke Naitōs, *Naitō Konan-zenshū*, Tōkyō 1969).

In dieser Beobachtung zeigt sich das Auge des Historikers, der hinter der »Figur« der äußerlichen Ereignisse den »Grund« derselben sieht. (Zum Terminus »Figur« und »Grund« vgl. das vorige Kapitel.) Was war aber die noch »größere Bedeutsamkeit in der japanischen Geschichte« im Zusammenhang mit dem Ōnin-Krieg?

Ziehen wir weitere Zitate heran: »Sowohl in den Philosophemen wie auch in allen Kenntnissen und Geschmackssachen begann die Tendenz, dass die bisher von der adligen Klasse monopolisierten Geschmackssachen sich unter dem Volk verbreiteten. Dies ist die Epoche der Wandlung in der japanischen Geschichte.« (*Naitō Konan-zenshū*, s. o.)

Gewöhnlich stellt man sich, wenn von der Wandlung in der japanischen Geschichte die Rede ist, vor: die Entstehung der Shōgunherrschaft in der Kamakura-Zeit (1185 bzw. 1192), die Etablierung der Tokugawa-Regierung (1603), die Meiji-Restauration (1868), die Niederlage im Pazifischen Krieg (1945) usw. Die Bedeutung, die im Vergleich zu solchen Ereignissen dem Ōnin-Krieg zugemessen wird, ist in der gängigen Geschichtsschreibung nicht besonders hoch. Aber Naitō sagt ganz kühn: »Bei der Erforschung der japanischen Geschichte zum Zweck des Verstehens des gegenwärtigen Japans ist die Erforschung der antiken Zeit kaum notwendig. Es genügt, wenn man die Geschichte nach dem Ōnin-Krieg ins Auge fasst.« (*Naitō Konan-zenshū*, s. o.)

Da diese These sehr radikal ist, ist mit Einwänden zu rechnen. Aber vorläufig ist sie so zu akzeptieren, wie sie lautet. Und erinnern wir uns, dass es 1482 war, also fünf Jahre nach dem Ende des Ōnin-Kriegs, als ASHIKAGA Yoshimasa den Bau des Silber-Tempels begann, der damals der *Higashiyama-den* (»Ostberg-Palast«) genannt wurde.

Inmitten der Verwüstung der Hauptstadt Kyōto und der Erschöpfung des Volks zum Trotz begann Yoshimasa, den Ostberg-Palast bauen zu lassen. Da aber die Regierung nicht mehr reich war, hat Yoshimasa, um dieses Bauwerk zu finanzieren, den Fürsten eine Sondersteuer auferlegt und die Arbeitskräfte aus dem Volke einberufen. Nicht alle Fürsten unterwarfen sich gänzlich und die Bauern leisteten wiederholt Widerstand. Der Bau war auch acht Jahre später, als Yoshimasa starb, noch nicht abgeschlossen. Die Zeitdauer des Baus war letztlich fast so lange wie die des Ōnin-Kriegs. Yoshimasa machte bereits vor der Vollendung diesen Palast zu seinem Wohnort und führte ein elegantes, aristokratisches Leben mit Dichten, Malen und Teetrinken, umgeben von vornehmen Dingen. Die Unzufriedenheit der Fürsten und des Volkes beschleunigte die Schwächung der Regierungsmacht, während Yoshimasa im ästhetischen Leben wohl den Kaiser übertroffen hatte, mit dem er sonst prinzipiell eine gute Beziehung pflegte.

Ein Aspekt seines sonst problematischen Lebens darf dabei erwähnt werden, der nicht nach heutigen moralischen Wertmaßstäben beurteilt werden sollte: Gerade seine vom Volk gehasste Politik hat die ästhetischen Kulturgüter der sogenannten *Higashiyama-bunka* (Ostberge-Kultur) hervorgebracht, die nicht mit Geld gekauft werden können, heute aber als eine Stätte des Weltkulturerbes die Kassen der Tourismus-Industrie sowie die des Shōkoku-Tempels als Besitzers des Silber-Tempels klingeln lassen. Ich möchte aber diese Fragen nicht weiter erörtern, sondern an dieser Stelle nur darauf hinweisen, dass das »Schöne« sowohl die Tendenz der dämonischen Dekadenz wie auch die der spirituellen Religiosität in sich birgt.

Es ist fraglich, ob der große Historiker Naitō auch dieses Paradox des »Schönen« meint, wenn er von einer noch größeren »Bedeutsamkeit in der japanischen Geschichte« im Zusammenhang mit dem Onin-Krieg spricht. Er sagt z. B.: »Ich habe gesagt, dass die Ashikaga-Zeit (= Muromachi-Zeit) eine Kriegszeit war, und in einer Kriegszeit treten viele begabte Individuen auf. Aber die Ashikaga-Zeit war eine Zeit, in der, obwohl sie eine Kriegszeit war, kein Genie erschien, kein begabtes Individuum.« (*Naitō Konan-zenshū*, s. o.)

Aber zumindest ein künstlerisches »Genie« existierte in dieser Kriegszeit: Der Tuschemaler Sesshū (1420–1506). Nachdem er sich im Shōkoku-Tempel in Kyōto als Mönch das Zen angeeignet hatte, verließ er die Hauptstadt, wohl wegen des Ōnin-Kriegs, um aufs Land nach Suō (Yamaguchi-Präfektur) zu gehen. Im Shōkoku-Tempel hinterließ er zwar kein Werk, aber als Übender in der Malkunst reiste er viel, bis nach China, um seine Malkunst zu verfeinern. Unter seinen Werken sind sechs Bilder zum Nationalen Schatz ernannt worden. Es gibt keinen japanischen Maler, der ihn darin übertrifft. Ein vergleichbarer zeitgenössischer, epochaler Maler in Europa war Albrecht Dürer (1471–1528). Sesshū und Dürer waren die zeitgenössischen Genies, die sowohl in der Höhe und Tiefe ihrer Werke wie auch in ihrer Lebensweise und im Hinblick auf ihre lange Wanderzeit in einer Zeit des geschichtlichen Wandels gut miteinander vergleichbar sind.[3] Die Ansichten Naitōs in der historischen Betrachtung sind sicher zu respektieren, aber im Hinblick auf seine Einsicht in die Kunst und die Religion bedarf seine Einschätzung doch eines Vorbehaltens.

Ein weiterer Vorbehalt sollte übrigens auch zum sonst einsichtsvollen Befund Naitōs gemacht werden, der die »Tendenz, dass das bisher von der adligen Klasse Monopolisierte sich unter dem Volk verbreitete«, betont. Die Ostberg-Kultur wurde aber vorrangig von den Rittern (Samurai) und Adligen monopolisiert, die sich um den Herrscher Yoshimasa versammelten. Es war erst in der Edo-Zeit, als die Künste dieser Kultur »sich unter dem Volk verbreiteten«.

Wie stand es um das Leben der allgemeinen Masse? In der Erzählung *Ōnin-ki* wird dargestellt, dass nach dem Ōnin-Krieg die Hauptstadt Kyōto zu einem Ort wurde, »wo Fuchs und Wölfe leben«. In ihr wird ein Waka-Gedicht von einem Beamten zitiert:

汝(なれ)や知る都は野辺の夕雲雀(ひばり)あがるを見ても落ちる涙は

(Nare ya shiru/ Miyako wa nobe no yūhibari/ agaru wo mitemo ochiru namida wa)

»Weißt du, wie die Hauptstadt zum verwüsteten Feld wurde, wo am Abend die Lerche hinauffliegt, und meine Tränen heruntertropfen?« (Kap. 47 des *Ōnin-ki*)

Dieser Beamte, der Autor des Gedichtes, vergoss die Tränen angesichts der Verwüstung der Stadt Kyōto. Es gibt aber keine Stelle in den Dokumenten, die belegt, dass Yoshimasa weinte. Im Gegenteil sieht man in ihm nur die Person, die ohne Interesse am Leben der Bürger zur ästhetischen Welt Zuflucht nahm und für den einzig der kulturelle Genuss zählte.

Ästhetische Kostbarkeiten im Silber-Tempel

Wie sah die ästhetische Welt aus, nach der Yoshimasa suchte? Um etwas im Stil eines Reiseführers zu sagen, war der einstige »Ostberg-Palast« weitläufig. In einem alten Dokument »Die Zeichnung der sehenswürdigen Orte in der Hauptstadt« *(Miyako rinsen-meisho zue)* sieht man, dass dort »die zehn Landschaften als zehn Seelenzustände« ikonographisch in Form der Architektur und des Gartens entworfen wurden. Jetzt sind davon noch fünf erhalten: die Tōgu-Halle als Nationaler Schatz, die Kannon-Halle, die ebenfalls Nationaler Schatz ist, der »Teich des Brokat-Spiegels«, die »Brücke des Drachensattels« und die Rōseitei-Halle. Die letztere wurde 1996 wiedergebaut und beherbergt ein Zimmer, das von Schiebetür-Bildern Gensō Okudas (1912–2003) umgeben wird, worauf ein Bach zu sehen ist. Ich persönlich zögere ein bisschen, dieses Bild und das Gebäude als besonders Sehenswürdiges im Silber-Tempel zu nennen.

Aber auf das Artefakt aus Sand Kōgetsu-dai (»Mondschaupult«) (Abb. 1) sowie Ginsha-dan (»Die Plattform des silbernen Sandes«) (Abb. 2) möchte ich unbedingt verweisen. Die Bedeutung der letzteren Gestaltung ist wohl klar. Dagegen ist keine historisch autorisierte Erklärung des »Mondschaupults« zu finden. Darum darf man interpretieren, wie man will. Ich möchte dieses Artefakt als Werk zum Zweck der Spiegelung des Mondlichtes auffassen, dessen Weiß auf den weißen Sand namens »Shirakawa-Sand« übertragen wird. »Shirakawa« heißt »der weiße Fluss«, und der »Shirakawa-Sand«

Abb. 1: Mondschaupult

wird produziert in der Gegend Shirakawa als einem Teil der Ostberge. Egal in welcher Saison und zu welchem Zeitpunkt in der Nacht, in jedem Winkel kann der Mond dieses Pult beleuchten, an dem zwei Weißtöne, das Weiß des Mondlichts und das Weiß des Sandes, miteinander konkurrieren und eins werden. Das so entstandene »Mond-Pult« beleuchtet den in den Rillen des silbernen Sandes ausgedrückten Meeresstrom. Man kann sich vorstellen, wie einst ein Machtinhaber mit ästhetischem Geschmack aus dem Fenster im ersten Stock des Kannon-Pavillionpalastes auf die prachtvolle Sinfonie des Mondlichtes und des weißen Sandes herunterblickte. Da der Pavillionpalast heute aber nicht zugänglich ist, kann man sich diesen Blick nur in seiner Phantasie vorstellen.

Jedoch kann man im Winter, wenn der silberne Schnee dieses Mondschau-Pult deckt, einen ähnlich phantastischen Anblick wirklich sehen. Das hier abgedruckte Foto wurde an einem Wintertag aufgenommen, als Schnee im Garten lag. Es war, als schiene der weiße Sand durch den silbernen Schnee hindurch. Man hätte diesen Anblick mit dem Bild des russischen Malers Kasimir Sewerinowitsch Malewitsch »Das Weiß auf dem Weiß« assoziieren können, aber noch passender wäre der zen-buddhistische Spruch »Die silberne Schale mit

Abb. 2: Plattform aus silbernem Sand

dem Schnee ausfüllen«. Das ist der Anblick, in dem die silberne Schale und der weiße Schnee den ihr/ihm passenden Ort erhält und strahlt. Hier entspricht das Mondschau-Pult dieser silbernen Schale.

Dass Kies oder Sand als Stoff ästhetischer Gartengestaltung genutzt wird, ist sowohl in Europa wie auch in China selten. In Japan wurden diese Materialien im Trockengarten des Ryōan-Tempels mit einer spirituellen Tiefe zum Äußersten bearbeitet. Im Silber-Tempel ist zwar eine solche Spiritualität nicht zu sehen, aber umgekehrt ist der Stil, nur mit »Sand« eine geometrische Geradlinigkeit oder Kurve so fein auszudrücken, nicht im Trockengarten des Ryōan-Tempels zu finden. Es gibt einige Leute, die dieses Artefakt aus Sand mit dem Minimalismus im 20. Jahrhundert vergleichen, und solange man nur die äußere Gestalt desselben betrachtet, versteht man diese Beobachtung einigermaßen. Aber die Gärtner in der Edo-Zeit, die diese Artefakte herstellten, hatten freilich kein Bewusstsein des Minimalismus. Sie drückten den Seestrom *(nada)* mit dem silbernen Sand aus und das Herz der Mondschau mit dem Sand-Pult. Das war nicht das Bewusstsein eines Reduktionismus, in dem das Element der künstlerischen Gestaltung auf ein Minimum reduziert wird, sondern um-

Abb. 3: Weg zum Ginkaku-ji

gekehrt das Streben, die Sprache des natürlichen Stoffs maximal zu befreien und ausdruckshaft zu machen.

Wenn es einen Ort geben kann, der hinsichtlich der Einbettung der geliehenen Landschaft im Aufbau des Gartens mit dem Silber-Tempel vergleichbar ist, wäre es die kaiserliche Shūgakuin-Villa, die etwas nordöstlich vom Silber-Tempel liegt und vor circa 200 Jahren in der Edo-Zeit gebaut wurde. Aber in der Zeit, in der die Stadt Kyōto infolge des Ōnin-Kriegs verwüstet lag, war diese Gegend der Villa noch öder und gar nicht geeignet für einen Wohnort. Der Kaiser Gomino-o selber, der diesen Villa-Palast erbaute, wohnte nicht dort. Demgegenüber wurde der Silber-Tempel (Ostberg-Palast) tatsächlich zum Wohnort von Yoshimasa gemacht.

Um wieder etwas im Stil des Reiseführers zu sagen, sind die drei Schiebetür-Bilder in der *Hōjō* (»Haupthalle«), »Acht Berg-Heilige«, »Menschen im Berg und am Bach« und »Bilder des Haha-Vogels«, diejenigen Werke, mit denen sich der Haiku-Dichter YOSA Buson (1716–1784) auch als bemerkenswerter Maler erwies. Das weitere Schiebetür-Bild, erstellt von IKE-no-Taiga (1723–1776) und betitelt als »Spielkünste von Harfe, Schach, Schreiben, Malen«, ist ebenfalls äußerst amüsant. Die große Halle Sho-in (1993) ist neu, aber die Schiebetür-Bilder dort, »Fischfang im großen Fluss«, wurden von TOMIOKA Tessai (1837–1924) bemalt, einem repräsentativen Maler der Meiji-Zeit. Seine Bilder machten den großen Raum von Sho-in noch geräumiger und entspannender.

Das Bild von Tessai entstand 1900, aber die sonstigen Bilder entstanden in der Edo-Zeit, was auch für die Sand-Artefakte Kōgetsu-dai und Ginsha-dan gilt. Auch die meisten anderen Artefakte, wie das steinerne Wasserbecken neben der Tōgu-Halle oder der auf der einen Seite mit einem Bambus- und auf der anderen Seite mit einem Steinzaun umgebene Weg zum Tempeleingang (Abb. 3), entstanden in der Edo-Zeit und nicht in der Zeit von Yoshimasa – was auch für das »Mondschaupult« gilt.

Aber die materielle Entstehungszeit ist nicht das Allerwichtigste hier. Aus dem geschichtlichen Gesichtspunkt sind die in der Nachwelt wiederaufgebauten Dinge alle der Nachschein dessen, was Yoshimasa zuerst aufgebaut hat. Sie sind alle das »Schöne im Schein des Vergangenen, das nicht vergeht«. Allerdings ist hier Vorsicht geboten vor dem zu eiligen Gehen. Das Schöne im Nachschein des Silber-Tempels birgt in sich eine Schattenseite, die beim eiligen Vorbeigehen leicht übersehen wird.

Das Schöne, das durchs Erlöschen des Schönen scheint: Die Dōjinsai-Stube

Es soll jetzt ein Ort betrachtet werden, auf den das Schöne des Silber-Tempels zurückgeführt wird und von dem aus es strahlt. Ein ästhetisches Urteil ist zwar immer subjektiv, wie Kant sagt, sodass, wenn ich vom »Schönen des Silber-Tempels« rede, diese Rede zunächst mein subjektives Geschmacksurteil ist. Aber Kant sagt auch, dass in ihm der »Gemeinsinn« vorausgesetzt wird (Kant, *Kritik der Urteilskraft*, §20, etc.). So hoffe ich, dass das, was ich im Folgenden darstelle, eine gewisse Zustimmung der Leser findet.

In meinen Augen liegt der Konvergenz- und Ausstrahlungspunkt des Schönen im Silber-Tempel in der Stube Dōjinsai, die sich in der Tōgu-Halle findet.

Unter dem Ausdruck »Konvergenzpunkt des Schönen« mag man sich zwar zunächst eine Art Strahlungsquelle vorstellen, von wo aus der Glanz, wie man ihn z. B. im Spiegelsaal von Versailles sieht, strahlt. Aber der hier gemeinte Konvergenzpunkt des Schönen ist der simple und stille Ort, wo das nach außen ausstrahlende grelle Schöne gelöscht wird, sodass das Schöne verinnerlicht und zu einem sanften, glanzlosen Glanz verwandelt wird. In den Augen derer, die an den strahlenden Glanz des Schönen gewöhnt sind und diesen Glanz erwarten, mag die Stube zunächst unauffällig scheinen. So wird dieses Dōjinsai auch im Tempelführer des Ginkaku-Tempels von 23 Seiten nur in einem kleinen, allzu bescheidenen Foto angegeben ohne besondere Erklärung. Aber beim aufmerksamen Aufenthalt in dieser Stube bemerkt man bald, wie diese bis ins Detail mit einer äußerst feinsinnigen Sensibilität und einem sorgsamen ästhetischen Sinn gestaltet wurde.

Dieses Zimmer von viereinhalb Tatami gilt als das erste »Teezimmer« mit einer Feuerstelle. Einige Forscher wollten das ohne empirische Belege nicht anerkennen. Aber während der großen Renovierung dieser Stube zwischen 2008 und 2010 wurde ein Brett entdeckt, auf dem der Name *Irori-no-ma* (»Das Zimmer mit der Feuerstelle«) geschrieben stand. Hinzu kommt als schriftlicher Beleg die Schrift *Higashiyama Ginkakuji ryaku-engi* (»Kurze Historie des Ginkaku-Tempels in Higashiyama«), entstanden 1815. Dort wird beschrieben, dass es sich bei diesem viereinhalb Tatami-Zimmer um das »Tee-Zimmer« für den Herrscher Yoshimasa handelte, wo »ein Kessel in der Gestalt der Spinne aufgehängt wird«. Es ist insofern nicht mehr daran zu zweifeln, dass hier Tee im Kessel auf der Kohlegrube im Boden gekocht wurde. Allerdings fehlen typische Elemente eines klassischen Teezimmers noch: Der Gastgeber sitzt dem Gast noch nicht gegenüber, welcher seinerseits durch den mit Bedacht klein gemachten Eingang sich beugend hineingelangt. Vom Gründer des Teeweges, Rikyū (1522–1591), war ein solcher *nijiriguchi*-Eingang (von *nijiri-iru*, hineinkriechen) als Standard-Bestandteil des Tee-Zimmers bestimmt worden, als Zeichen der bescheidenen Bereitschaft für die Teezeremonie. Ein solcher Eingang ist noch nicht vorhanden. In einem Tee-Zimmer wäre weiterhin eigentlich eine Nische *(toko-no-ma)* vorhanden, in der ein Schmuckstück, in der Regel eine Kalligraphie oder ein Blumengesteck, ausgestellt wird. Das im Dōjinsai installierte »Regal in verschiedener Höhe« *(chigai-dana)* und der »Schreibzimmertisch am Fenster« *(tsukue-shoin)* im Zimmer besagen, dass dieses ein Raum war, der als Studierstube und Teeraum genutzt wurde. Das Fenster ist mit einer Papierwand verdeckt, die, schiebt man sie auf, den Blick auf einen kleinen Moosgarten freigibt. Der Raum hinter diesem Zimmer ist die private Budda-Halle Yoshimasas, wo eine Statue des Buddha Amida-nyorai ausgestellt wird. Die Tōgu-Halle muss für Yoshimasa der Rückzugsort gewesen sein, in dem er in Ruhe arbeitete oder spielte.

Abb. 4: Blick aus der Stube Dōjin-sai in den Garten

Im Zimmer Dōjinsai saß Yoshimasa meistens. So nehme ich auch hier Platz, allerdings mit Sondergenehmigung. Zuerst ist das Papier-Fenster *(shōji)* zu öffnen. Wenn auch das Detail nicht im Bild zu sehen ist, soll man mit der Einbildungskraft durch die Steine und die Bäume im Garten hindurch bis zu einer kleinen Konstruktion in der Entfernung schauen, die mit einem Bach zu assoziieren ist. Das ist ein ästhetisches Vergnügen, das nur der hier Sitzende genießen kann (Abb. 4).

Als Nächstes sehe ich den Tisch am Fenster, auf den ein Blumenarrangement gestellt wurde (Abb. 5). Dieses Blumengesteck *(ikebana)* ist das Werk einer Meisterin namens Shuhō, die von 2004 bis 2016 in der Abteilung für »Blumen-Dienst« im Silber-Tempel tätig war und eine Sensation in der Welt des Blumensteckens geschaffen hat. Die Meisterin Shuhō sah aus wie eine Person, in der sich der

Abb. 5: Ikebana in der Stube Dōjin-sai

Blumengeist versteckt hat, um die Künstlerin die Blumen stecken zu lassen. Ihr Buch *Ippon-sō* (»Der eine Grashalm«, Tōkyō, 2016) sieht so aus, als hätte sich dieser Geist durch den Mund von Shuhō ausgesprochen. Die Meisterin hat ihrerseits versucht, wie sie im Buch schreibt, »statt das alt Gewordene bloß wiederherzustellen, es in einer dem Silber-Tempel gemäßen Richtung in der Gegenwart neu zu beleben«. Was sie getan hat, war wie die neue Strahlung des Nachscheins dessen, was einst Yoshimasa geschaffen hat. Das war ein *zanshō-bi*. Zum Unterricht Shuhōs im Silber-Tempel stürmten die Schüler, die bei ihr das Blumenstecken erlernen wollten. Aber sie wurde 2016 selbständig, um vor internationalem Publikum mit dem Blumenstecken aufzutreten, weshalb sie jetzt nicht mehr im Silber-Tempel ist.

Wenn ich ihre Blume auf dem Schreibtisch sehe und in der Stube Dōjinsai von viereinhalb Tatami sitze, fällt mir eines auf: Zwar war es wohl eine Tatsache, dass Yoshimasa das mühselige Leben des Volkes außer Acht ließ, um mit Dichtung und Teezeremonie das Leben zu genießen. Aber er tat dies ohne ein Teezimmer aus Gold, wie TOYOTOMI Hideyoshi (1537–1598) eines herstellen ließ, und auch ohne einen Gold-Tempel, wie ihn sein Großvater ASHIKAGA Yoshimitsu (1358–1408) aufbaute. Zwar setzte er der Kannon-Halle eine Bronzestatue des Phönix aufs Dach, verwendete aber kein Silber, wie man

Abb. 6: Kannon-Pavillon

sich leicht dem Namen »Silber-Tempel« folgend vorstellen könnte, sondern ließ die Halle aus Holz und Schindel erbauen, so dass sie in den Garten mit Bäumen und Teich ohne den Kontrast des Fremden optisch hineinschmilzt (Abb. 6). Derselbe Eindruck entsteht auch an der Tōgu-Halle (Abb. 7).

Über die Architektur der Gebäude des Silber-Tempels werden wir im elften Kapitel, »Kreation des Nachscheins in der architektonischen Gestaltung«, noch einiges erfahren. Hier genügt der allgemeine Hinweis, dass diese Gebäude im Großen und Ganzen den Charakter der Schlichtheit, der Eleganz und der Reinheit haben, was einen Kontrast zu dem prachtvollen, prunkhaften und glänzenden »Gold-Tempel« herstellt. Die innerste Mitte dieser Tōgu-Halle ist eben die Stube Dōjinsai. Yoshimasa ruhte hier und hat von dieser Quelle ausgehend die Teezeremonie, das Blumenstecken, die Dichtungspartie usw. veranstaltet. Die sogenannte »Ostberg-Kultur« blühte auf. Der Quell ist auch der Konvergenzpunkt. Dieser bleibt in seiner unauffälligen Form versteckt im Gesamtkonstrukt des Silber-Tempels. Aber sobald er beispielsweise mit dem Blumenstecken von Shuhō belebt wird, wird er in einem Augenblick in die Gegenwart versetzt und beginnt, als neuer Nachschein der Ostberg-Kultur zu pulsieren.

Abb. 7: Tōgu-Halle

Die Strahlung aus dem Morgentraum von Yoshimasa

Von hier aus ist erneut auf das Leben Yoshimasas zurückzublicken.

Er wurde im Alter von dreizehn zum Shōgun. Sein Großvater war ASHIKAGA Yoshimitsu, der die aufblühende Epoche der Ashikaga-(Muromachi-)Regierung herbeigeführt hatte. Aber schon am Alter Yoshimasas bei der Ernennung zum Shōgun sieht man, dass er von Anfang an in die Wirbel aus Berechnung und Politik geworfen wurde, die von seiner Umwelt ausgingen. Mächtige Fürsten wie Hosokawa und Yamana wollten sich nicht leicht dem Shōgun unterwerfen. Dazu kam, dass seine Ehefrau HINO Tomiko in Sachen politischer Kompetenz diejenige Yoshimasas weit übertraf.

Zwar versuchte Yoshimasa zeitweise, vor allem kurz nach dem Antritt als Shōgun, die Politik im Ganzen unter seine Kontrolle zu bringen, wie es sein Großvater Yoshimitsu getan hatte. Aber die Fürsten waren nicht leicht zu überwältigen. Auch leisteten die Bauern immer wieder Widerstand. Teilweise wegen den unkontrollierbaren

Streitigkeiten um die Nachfolgerfragen unter den Fürsten, teilweise um die Nachfolge des Shōgunats brach der Ōnin-Krieg aus. Nach Beendigung des elf Jahre dauernden Kriegs trat Yoshimasa als Shōgun zurück, damit sein Sohn Yoshihisa ihm nachfolgen konnte. Es scheint, als wollte er der streitreichen Welt der Politik sowie der Belastung durch seine Frau HINO Tomiko entkommen.

Yoshimasa starb 1490, wobei der Bau, wie gesagt, noch nicht abgeschlossen war. Sein Leben könnte mit heutigen Wendungen als »Aufgabe der politischen Verantwortung«, »Flucht aus der Ehe«, »Genusssucht und Spiellust« usw. bezeichnet werden. Aber noch ein Ausdruck sollte hinzugefügt werden: »der Aufbau einer ästhetisch schönen Idealwelt«. Das war das Betreiben eines Herrschers, der mit echter Begabung zur ästhetischen Empfindung versehen war. Um dieses Betreibens willen ignorierte er die Politik und das Leben der Bürger, daraus blühten die Künste wie Blumenstecken, Teezeremonie, Nō-Spiel, Dichtung, Gartenkunst, Architektur usw. auf, die – von der Ostberg-Kultur geprägt – durch alle späteren historischen Krisen hindurch überliefert wurden und eine klare Linie des japanischen Schönen bilden.

Aber die Moralisten würden nach wie vor weiter fragen, wie es mit dem mühseligen Leben des Volkes stand. So ist ein Stück des Bildes zu beobachten, das als das Werk von KANŌ Eitoku (1543–1590) bekannt ist: »Das Bild in und außer der Stadt Kyōto« (*Rakuchū-rakugai-zu*, Nationalschatz).

Der dargestellte Anblick drückt mutmaßlich das Stadtbild ca. sechzig Jahre nach dem Tod Yoshimasas aus. Es handelt sich um eine Stellwand aus zwei Flügeln, die jeweils sechs Teilflügel haben. Sowohl im rechten wie auch im linken Flügel werden Szenen der damaligen Lebenswelt in Kyōto dicht und präzise dargestellt. Vergrößern wir einen ganz kleinen Teil des linken Flügels (Abb. 8).

Insgesamt neun Kinder spielen hier Tauziehen. Die Kinder der linken Gruppe sind teilweise etwas ältere Jungen, während zwei Knaben ganz rechts offensichtlich noch klein sind. Die rechte Gruppe besteht aus fünf Jungen, die linke nur aus vier. Aber die zwei Jungen in der Mitte der linken Gruppe sehen stark aus, sodass das Gleichgewicht der zwei Gruppen ungefähr bewahrt scheint. An den Haaren und der Kleidung der Kinder sowie dem Aussehen des Hauses hinten sieht man, dass sie nicht die Kinder der Bauern, aber auch nicht die der adligen Familien von hohem Stand sind. Sie sind alle barfuß, offensichtlich nicht reich, aber auch nicht gequält durch Armut und

Abb. 8: Ausschnitt aus Kanō Eitokus Kyōto-Darstellung

Entbehrung. Sie haben die Muße, in gemischter Altersgruppe zusammen zu spielen.

Zwar enthält die Lebenswelt dieser Bürger kein spezifisch ästhetisches Element, aber eine Gemeinsamkeit mit der ästhetisch schönen Welt von Yoshimasa hat sie dennoch: Das ist das »Spielen«. In der äußerst mühseligen Armut haben das Spielen und das Schöne keinen Platz. Dieser besteht nur dann, wenn für die lebensnotwendigen Bedürfnisse gesorgt ist. Aber damit ist nicht gemeint, dass das Spielen und das Schöne bloß Geschmacksdinge sind, mit denen der Mensch sich nur so lange beschäftigt, als er sich mit dem materiellen Leben vergnügt und von ernsten existenziellen Auseinandersetzungen absieht. Zwar gibt es auch diesen Aspekt beim Spielen und dem Schönen, aber die letzte Seelenlage, in der der Mensch letztlich die Ruhe findet, wird im Buddhismus auch ein »Spielen« genannt, welches mit der gelassenen Freiheit synonym ist. So wird die Übung im Buddhismus *yugyō*, wörtlich: »die spielende Übung«, oder *yusan*, wörtlich: »Spielen auf den Bergen (d.h. Tempeln)«, genannt.

Knapp sechzig Jahre nach dem Ōnin-Krieg haben die Menschen wieder zu spielen gewusst. Allerdings kann das friedliche Tauziehen zwischen zwei Gruppen zum Kampf auf Leben und Tod umschlagen, wenn der Frieden verschwindet und die Gruppen nicht koexistieren können. Das Spielen hat eine dämonische Anziehungskraft, die den Menschen in abgründige Tiefen hineinziehen und verderben kann, wie man bei »Spielern«, die Haus und Hof verwetten oder verspielen, gelegentlich sieht. Yoshimasa wurde vom »Schönen« besessen und hineingezogen in die Welt des »ästhetischen Spielens«. Das Schöne hatte bei ihm die »dämonische« Wesensnatur, alles andere zu verdrängen. Aber es hatte auch eine Schicht, die als die »Religiosität des Schönen« bezeichnet werden kann. In der Tōgu-Halle wurde nämlich die Statue des Amida-Buddha ausgestellt, und ihr Name wurde von einem Wort im Sutra *Rokuso-dankyō* (»Predigten des sechsten Patriarchen«) genommen, das lautet: »Der Mensch im Osten *(tō)* wünscht *(gu)*, im westlichen Paradies wiedergeboren zu werden.« Das, wovon Yoshimasa beim Bau des Ostberg-Palastes geträumt hatte, war die Hinfahrt zum westlichen Paradies.

Ich stelle mir ein Phantasiebild vor, in dem Yoshimasa auch nach dem Tod im »Morgentraum« den endlosen Reiseweg zum jenseitigen Paradies geht. Das japanische Wort »Morgentraum« *(zanmu)* bedeutet den Traum, den man am Morgen halb wach und halb schlafend träumt. Die von Yoshimasa gewünschte Himmelsreise wäre mit einem Morgentraum zu vergleichen. Der gegenwärtige Silber-Tempel ist sozusagen das Strahlen seines Morgentraums im Nachschein, der nicht vergeht.

5. Edo (1603–1868) / Meiji (1868–1912)-Zeit: Die Silhouette einer Kaiserfamiliendame und ihre Zeit. Das Grab der ›Königin Sōjun‹

Das Grab einer shintōistischen Hofdame in buddhistischer Form

Der Name der Dame, die in diesem Kapitel behandelt wird, heißt »Sōjun«. Ihr Geburtsjahr wird in verschiedenen Referenzwerken anders angegeben, entweder 1816 oder 1817. Das Todesjahr wird in noch verschiedenartigerer Weise angegeben: 1886, 1887, 1888 oder 1890. Mich beschäftigen allerdings weniger die historischen Fakten ihrer Lebensdaten. Auffällig ist vielmehr, dass weder ihr Gesicht noch ihre Gestalt, noch ihre Persönlichkeit sichtbar sind. Nur die Daten, die in einem einfachen Curriculum Vitae angegeben werden können, sind mir bekannt. Die Dame sieht deshalb wie eine Silhouette aus.

Betrachtet man diese Silhouette als »Figur«, so scheint ihr »Grund« das früheste *Minenfeld* in der Politik und Philosophie Japans zu sein, welches in der Zeit danach, vor allem in der Shōwa-Zeit (1926–1989), anwachsen sollte. Der Philosophenweg in Kyōto führt durch die Silhouette der Dame Sōjun hindurch auch zur Vergangenheit dieses »Minenfeldes«. Diese Aussage mag bedrohlich klingen, aber dass sie keine Übertreibung ist, wird sich bald zeigen. Um einen Teil des Curriculums Vitae dieser Dame anzugeben, so ist ihr Vater der Prinz FUSHIMI-no-miya Sadayuki (1776–1841) und ihre Mutter ist die Tochter des *Kanpaku* (der höchste Minister-Rang) ICHIJŌ Teruyoshi (1756–1794). Die Dame Sōjun ist also von sehr hohem Stand.

Geht man den Philosophenweg an dem circa drei Meter breiten Kanal entlang, so findet man die Grabstätte dieser Dame etwa nach einem Zehntel des Wegs vom südlichen Ende her. Da sie aber so unauffällig bleibt, wird kaum jemand auf sie aufmerksam. Nur während der Saison der rot gefärbten Ahornblätter im Herbst halten viele Leute hier an, denn die Blätter des Ahornbaums, dessen Zweige sich vom Inneren der Grabstätte her über den Zaun hinausstrecken (Abb. 1), sind von besonderer Schönheit. Aber die Leute fragen sich nicht, was für eine Stätte sie dort sehen.

Abb. 1: Grab der Königin Sōjun

Auf dem vom Kaiserlichen Hofamt aufgestellten Hinweisschild steht: »Grab der Königin Sōjun« (Abb. 2). Diese zunächst problemlos aussehende Bezeichnung bedarf einer Entzifferung, womit die vorliegende Erzählung beginnt.

Der hier gebrauchte Begriff »Grab« *(haka)* bedeutet nicht dasselbe wie »Grab« *(haka)* in der gewöhnlichen Wendung »Grab der Familie Ōhashi«. Er gehört zu der Kategorie »*misasagi* und *haka*«, wie sie vom Kaiserlichen Hofamt bestimmt wird. *Misasagi* ist das Grab von Kaisern, Kaiserinnen, Ex-Kaisern und Ex-Kaiserinnen, wohingegen *haka* das Grab von Prinzen sowie Prinzessinnen der Kaiserfamilie bezeichnet.

Auch die Standesbezeichnung »Königin« (jap: *joō*) ist nicht übersetzbar mit dem Wort »Königin« auf Deutsch bzw. »Queen« im Englischen, das sonst auch mit dem Wort *joō* übersetzt wird. Die Bezeichnung verweist auf den im 5. Artikel des »Gesetzes der Kaiser-Familie« bestimmten Stand. Der 5. Artikel lautet: »Die Kaiserfamilie besteht aus Kaiser, Kaiserin, Mutter der Ex-Kaiserin, Ex-Kaiserin, Prinz, Prinzessin, König, Königin«. Dieser Bestimmung entnimmt man, dass der auf dem Schild geschriebene Titel »Königin« auf den Stand als Tochter eines Prinzen oder einer Prinzessin in der Kaiserfamilie verweist. Die »Königin Sōjun« bedeutet »die Tochter des Prinzen FUSHIMI-no-Miya Sadayuki (1776–1841)«. Da es keine passen-

Abb. 2: Hinweisschild beim Grab der Königin Sōjun

de deutsche Übersetzung dieses Titels gibt, nutze ich im Folgenden diese Bezeichnung »Königin« als *terminus technicus.*

Die Grabstätte liegt am anderen Ufer des Kanals. Sie ist umgegeben von einer weißen Mauer, sodass das Innere der Grabstätte nicht von der Promenade aus zu sehen ist. Allerdings kann man über die schmale Brücke zum anderen Ufer hinüber und hinter die Grabstätte gehen. Ich verbeugte mich vor dem Eingang der Grabstätte, damit ich der Toten gegenüber nicht frevelhaft handeln würde, und ging hinter die Grabstätte. Es war für mich nötig, zu sehen, wie das Grab aussieht. Denn ein Datum im Curriculum Vitae der Königin Sōjun hatte mich beschäftigt: Die Königin Sōjun hatte eine wichtige Rolle in der von der Meiji-Regierung begonnenen Bewegung »kaiserliche Erklärung zur Verbreitung der Großen Lehre« *(daikyō-senpu-undō)* gespielt. Das war die vom Staat autorisierte politisch-religiöse Maßnahme, den Shintō zur Staatreligion zu machen. Aber das Grab der Königin hat nicht den »shintōistischen«, sondern den buddhistischen Stil namens *muhō-tō,* wörtlich: die nahtlose Pagode. Dieses ist charakterisiert durch den oberen, eierförmigen Turm (Abb. 3).

Eine Frage, die ich oft von Gästen aus dem Ausland bekomme, ist, was der Unterschied zwischen »Schrein« und »Tempel« sei und worin sich Shintō und Buddhismus voneinander unterscheiden. Die meisten Japaner würden zunächst meinen, dass der Unterschied optisch klar sei, da der Shintō-Schrein generell ein Schindeldach hat, in der Konstruktion schlicht ist und seine Säulen oft rot gefärbt sind,

Abb. 3: Grabstätte der Königin Sōjun

während der buddhistische Tempel meistens ein Ziegeldach mit Kurve hat, in der Konstruktion gewichtig ist und kaum gefärbt wird.

Allerdings kann man Japaner, die auf historisxch Fragen nicht vorbereitet sind, in Verlegenheit bringen, wenn man sie fragt, warum mit dem Auftakt der Meiji-Zeit die Regierung das »Gesetz der Trennung von Shintō und Buddhismus« *(Shinbutsu-bunri-rei)* verkündete und warum bald danach in ganz Japan die »Bewegung der Abschaffung des Buddhismus und der Zerstörung der Buddha-Figuren« *(Haibutsu-kishaku-undō)* entstand. Der historische Hintergrund ist etwas kompliziert. Hier soll vorläufig nur die Erklärung gegeben werden, dass es erstens schon vor der Meiji-Zeit einen geographischen Synkretismus gab, dass also Schreine und Tempel auf demselben Grund nebeneinander bestanden und in ihren Lehren verflochten waren. Zweitens waren die ersten zehn Kaiser in der japanischen Geschichte mythologische Wesen, die als »Götter« verehrt wurden, und der entsprechende Kult bildete sich als der *Shintō* (wörtlich: »Weg der Götter«) aus. Hinzuzufügen ist, dass einige Shintō-Gelehrte der Ansicht waren, dass der Shintō, der nicht wie der Buddhismus aus China überliefert, sondern von alters her in Japan gepflegt wurde und somit die Mythologie der »ungebrochenen Linie der Kaiserfamilie« begründet, keine Religion neben den anderen, sondern die über jene erhabene »Große Lehre« *(Daikyō)* sein solle/müsse. Es wäre ein Thema der vergleichenden Religionswissenschaft, die Geschichte der Fusion von

Religion und Staat im Fall des Shintoismus in Japan und im analogen Fall des Christentums in Europa komparativ in Betracht zu ziehen. Im vorliegenden Kapitel ist das allerdings kein eigenes Thema.

Ich bin eine Weile am Zaun der Grabstätte stehengeblieben. Mir ist die Kluft zwischen dem Bild der Dame, die zur Etablierung des Staatsshintō beigetragen hat, und dem Grab im buddhistischen Stil stark aufgefallen. Die Königin Sōjun schweigt zwar für immer, aber die genannte Kluft selbst beginnt an ihrer Stelle einiges zu erzählen.

Antrieb und Scheitern des Staatsshintō

Sichern wir zuallererst die Vorkenntnisse der Bewegung, die mit der »kaiserlichen Erklärung zur Verbreitung der Großen Lehre« *(Daikyō-senpu-undō)* begonnen wurde. Wer schon beim Hören dieses Wortes sich einiges vorzustellen imstande ist, ist ein fortgeschrittener Kenner der japanischen Geschichte. Es handelt sich um die Entstehung des oben bereits erwähnten ersten »Minenfeldes« in der Staatspolitik, an die sich letztlich der Pazifische Krieg anschließt.

Die »kaiserliche Erklärung zur Verbreitung der Großen Lehre« wurde 1870 öffentlich vom Meiji-Kaiser verkündet. Es handelt sich, einfach gesagt, um die Erklärung des Shintō zur Staatsreligion. Dieser Idee folgend sollte die »Einigung des Shintō und der Politik« *(saisei icchi)* bzw. eine »Theokratie« verwirklicht werden.

Die Triebkraft dieser Bewegung war der »Restauration-Shintō«, d. h. derjenige Shintoismus, wie er theoretisch in der Edo-Zeit durch shintōistisch orientierte Gelehrte systematisch entwickelt worden war. Die Buddhisten wandten sich freilich dagegen und die von den Ländern des christlichen Europa unterstützten Christen äußerten sich ebenfalls kritisch. Die Motivation der Meiji-Regierung war der Aufbau einer Ideologie zentraler Macht für den modernen japanischen Staat, der mit den europäischen Mächten zu konkurrieren imstande sein sollte. An den damals nacheinander verkündeten Gesetzen sieht man das sich fortlaufend ändernde Verhältnis von »Religion« und »Staat«.

Der Text der »kaiserlichen Erklärung zur Verbreitung der Großen Lehre« wird allein mit chinesischen bzw. altjapanischen Kanji ohne Punkte oder Kommata und auch ohne japanische Silben geschrieben, sodass er selbst für die modernen Japaner kaum lesbar ist. Es scheint aber nicht unnütz, daran zu erinnern, dass ein solcher Text am Anfang der Meiji-Zeit von der Regierung im Namen des Kaisers verkündet wurde. Obwohl für ein Zitat etwas lang, sei er im Folgenden in einfacher Übersetzung wiedergegeben.

»Wir, der Kaiser Meiji, erwägen, wie der Ahnengott die Krone gestiftet und die Thronfolge gebildet hat. Die Kaiser zahlreicher Generationen haben diese Linie geerbt und gepflegt. Die unzähligen Menschen im Volke waren von ein und demselben Herzen in der Idee der Einigung von Gottesweg und Politik. Diese Ordnung und Lehre war klar ersichtlich für die obere Schicht, und in Form der Sitte des Volkes war die Lehre schön. Aber seit dem Mittelalter kam es zeitweise zu ihrer Verschmutzung und der Weg des Menschen war bald hell, bald verdunkelt. Jetzt hat die Vorsehung des Himmels einen Kreisgang hinter sich, sodass hunderte Gesetze erneuert wurden. So möchte ich die Ordnung und Lehre erhellen, und den großen Weg der Götter *(kannagara-no-michi)* verkünden. So setzte ich neu die Amtsstelle des Missionars ein, um diesen die Lehre verbreiten zu lassen. Ihr, die Beamten und die Menge des Volkes, sollt diesen Sinn verwirklichen.«

Die Ansicht, dass die Sitte des Volkes in der antiken Zeit, als der Kaiser unmittelbar die Politik verwaltete, schön war, aber im Mittelalter, während die Militärregierung bestand, die Sitte verschmutzt wurde, war offensichtlich ein Ausdruck des Wertbewusstseins der Adligen und der Beamten des Kaiser-Regimes, die im Mittelpunkt der Restauration standen. Insofern könnte es sich dabei um eine harmlose geschichtsphilosophische Auffassung handeln. Aber wenn diese Ansicht zur Ideologie wird und die Politik zu beeinflussen beginnt, ist die Problemlage nicht mehr harmlos. Schon gar nicht, als sich der Staatsshintō später in der Shōwa-Zeit und sogar noch nach dem Zweiten Weltkrieg in ästhetischer Verkleidung mit dem Ultranationalismus verknüpfte. Die »kaiserliche Erklärung zur Verbreitung der Großen Lehre« ist, wenn man von der Nachwelt her zurückblickt, der erste Ansatz dieser Bewegung.

Wir kommen zurück zur Königin Sōjun. Ein Satz in der genannten Erklärung: »So setzte ich neu die Amtsstelle des Missionars ein, um diesen die Lehre verbreiten zu lassen« hat im Leben der Königin eine Kursänderung bewirkt. Die Königin Sōjun wurde zum Zweck der Verbreitung der Großen Lehre zur »Missionarin« berufen. Zwar waren die zur Mission berufenen Leute allesamt Gelehrte in der shintōistischen Lehre und dem Konfuzianismus, aber die Königin Sōjun war als Mitglied der Kaiserfamilie von so hohem Stand, dass sie letztlich innerhalb der Hierarchie des neu gegründeten Amtes den zweithöchsten Rang namens »Vize-dai-kyōshō« erhielt.

Die Bewegung der »Verbreitung der Großen Lehre« war eine ohne lange Vorbereitung rasch zustande gebrachte staatliche Bewegung. Sie verfolgte den allzu hohen Anspruch, das Volk »von ein und demselben Herzen in der Idee der Einigung von Gottesweg und Politik« bestimmt sein zu lassen. Eine Organisation für die systematische Ausbildung der »Missionare« existierte nicht und der Mangel an qualifizierten Missionaren war nie zu beheben. Die Widerstände von Seiten der Buddhisten sowie die Kritik aus christlichen Ländern standen im Weg. Ohnehin stand die Bewegung im Widerspruch zur notwendigen Richtlinie der Modernisierung, der »Trennung von Politik und Religion«, sodass sie stagnierte und trotz aller Revisionsversuche am Ende scheiterte.

Eintreten in und Austreten aus dem Priestertum

Dass die Königin Sōjun wegen ihres Standes als »Königin« eine Rolle in dieser Bewegung der »Verbreitung der Großen Lehre« übernehmen musste, ist zwar an sich durchaus verständlich und nicht befremdlich. Denn diese Bewegung war eine Welle der Restauration, in der die Souveränität des Kaisers nach der etwa siebenhundertjährigen Herrschaft der Shōgun-Regierung wiederhergestellt wurde. (Nur erwähnt werden soll die heftige Debatte, die von der Meiji-Ära bis zum Ende des Pazifischen Krieges geführt wurde, ob nämlich dem Kaiser als Staatsoberhaupt die Souveränität zukomme, oder ob der Kaiser als höchstes Organ des Staates anzusehen und die Sourveränität dem Staat zuzuschreiben sei. Die Bewegung der »Verbreitung der Großen Lehre« setzte offensichtlich die erstere Position voraus.) Aber was das für einen Menschen und dessen Leben bedeutete, ist eine Frage, die nicht in die allgemeine Situation aufgelöst werden kann. Die Silhouette der Königin redet zwar auch davon nicht, aber der oben erwähnte Spalt zwischen dem Grab im buddhistischen Stil und der shintōistischen Bewegung der »Großen Lehre« lässt einiges erahnen.

Die Königin Sōjun wurde im Alter von sechs Jahren zur Priesterin im Reikan-Tempel, der beinahe direkt neben dem Anraku-Tempel steht. Es ist klar, dass sie nicht aus persönlichen Gründen zur Priesterin wurde. Der Reikan-Tempel ist von vorn herein der Tempel, dessen oberste Position von einem weiblichen Mitglied (einer »Königin«) der Kaiserfamilie eingenommen wird. Sōjun wurde zur fünften Generation der höchsten Priesterin in diesem Tempel. Es war ihre Vorsehung, dass ihr Leben unabhängig von ihrem eigenen Willen bestimmt wurde.

Die zweite Welle der Vorsehung traf die Königin bald mit der Bewegung der »Trennung des Shintō vom Buddhismus« *(shinbutsu bunri)* und der Bewegung der »Verwerfung der Buddha-Statuen und Vernichtung der Sutren« *(haibutsu kishaku)*. Da die Kaiserfamilie prinzipiell von der Position des Alt-Shintō geprägt war, wurden die von der Kaiserfamilie abgesandten obersten Priesterinnen dazu bestimmt, das Priestertum aufzugeben und zur säkularen Welt zurückzukehren. Diese Rückkehr bedeutete, dass sie den buddhistischen Tempel verlassen mussten. Nicht nur dies, sondern, da die Mission des Shintō auf den Widerstand der Buddhisten stieß, bedeutete das Verlassen des Reikan-Tempels dem Sinne nach das Eintreten in die antagonistische Position gegen den Reikan-Tempel. Die persönliche Haltung der Königin Sōjun ist aus den öffentlich zugänglichen Materialien nicht zu ersehen. Nur die schweigsame Silhouette der Königin steht allein im sich rasch verändernden Lauf der Geschichte.

Auch diese »zweite Welle« des Lebens der Königin Sōjun dauerte nicht sehr lange. Die Bewegung der »Verbreitung der Großen Lehre« geriet bald auf einen Tiefstand. Das »Institut für die Große Lehre« wurde abgeschafft und auch die Amtsstelle des »Missionars« wurde 1884 wieder aufgelöst. Aber die Königin ging nicht zum Reikan-Tempel zurück. Sowohl für sie, die einst in der genannten shintōistischen Bewegung einen hohen Rang wahrgenommen hatte, wie auch für den hochrangigen Reikan-Tempel, der der Rinzai-Schule des Zen-Buddhismus angehörte, wäre eine Rückkehr der Königin Sōjun zum Tempel ausgeschlossen gewesen. Die Königin war in die Klemme zwischen Staatsshintō und Buddhismus geraten. Das Todesjahr der Königin Sōjun ist wie gesagt unklar. Aber was ihr Grab erzählt, ist klar: der Ausdruck der oben genannten »Klemme« in einer Raumkonstruktion.

Wir sahen vorhin, dass das Grab mit einem eierförmigen Turm versehen ist, der »das nahtlose Grab« genannt wird. Dieses ist gewöhnlich buddhistisch und nicht shintōistisch. Es gibt allerdings generell keine spezifisch shintōistische Grabform. Im Großen und Ganzen sind die Gräber des Shintō-Schreins der Form nach dieselben wie die buddhistischen Gräber. Man kann dies beispielsweise anhand der Gräber im »Kyōto Schrein für die Kriegsgefallenen« *(Kyōto Gokoku-jinja)* feststellen, die ebenfalls am Fuße der Ostberge stehen. Dort

Abb. 4: Eierförmiges Grabmonument

werden die Krieger zur Zeit der Meiji-Restauration verehrt. Die Gräber dort haben meistens eine schmale, lange Turmform, aber sie sind prinzipiell auf einen eckigen Stein gestellt, sodass sie der fundamentalen Form im Ganzen nach gleich sind mit den Gräbern in den buddhistischen Tempeln.

Einzig das »nahtlose Grab«, wie das der Königin Sōjun, wird meistens für buddhistische Priester, vor allem für Zen-Priester, gebraucht. Das Grab wurde auf Wunsch der Königin Sōjun in Erinnerung an ihre Stellung im Reikan-Tempel im buddhistischen Stil gestaltet. Aber dann müsste es auch möglich gewesen sein, dass auf dem eierförmigen Grab der Königin geschrieben stünde: »Königin Sōjun, die fünfte Oberpriesterin des Reikan-Tempels«. In Wirklichkeit steht auf dem Grab einfach: »Grab der Königin Sōjun« (Abb. 4). Die Grabstätte liegt zwar unmittelbar in der Nähe des Reikan-Tempels, aber »außerhalb« desselben. Nur der Titel des Standes in der Kaiserfamilie, »Königin«, wird als ihre soziale Bezeichnung angegeben. Die Grabstätte wird vom Kaiserlichen Hofamt verwaltet.

All das, was oben dargestellt wird, ist aber die »Figur« und nicht der »Boden« des geschichtlichen Prozesses der Etablierung des Staatsshintō. Der Strom ist gerade entstanden, und sein danach folgender Verlauf ist noch nicht zu sehen. Wir werden einige Spuren dieses Verlaufs erst in den folgenden Abschnitten sehen, aber wir können die erste Spur desselben in diesem Kapitel aufzeigen. Wie gesagt, wurde die amtliche Stelle »Missionar«, die einst die Königin Sōjun wahrnahm, 1884 abgeschafft. Um der Wiederherstellung der Situation willen legte der Staatsmann Kowashi Inoue (1844–1895) die schriftlich verfassten »Vorschläge aus Anlass der Abschaffung der amtlichen Stelle des Missionars« vor.

Zwar scheiterte die Bewegung der »Verbreitung der Großen Lehre« zum Zweck der Einigung des Shintō und der Politik zuerst angesichts des Widerstandes der Buddhisten und der Kritik der christlichen Länder. Aber im Kopf des Verfassungstheoretikers und Bildungspolitikers Kowashi Inoue war dieses Ende nur eine Stufe im Projekt der »Belehrung und Verbreitung der Nationalen Studien *(kokugaku)* und des Shintō unter dem Volk«.

Diese »Nationalen Studien« (welche das Studium des Shintō, der Gesetze und Rituale, der Geschichte Japans und der japanischsprachigen Dichtung umfassten) waren eine der philosophischen Stützen für die Meiji-Regierung beim Aufbau des modernen Zentralstaates, der damals als das einzige asiatische Land mit den europäischen Mächten zu konkurrieren versuchte. Die »Erklärung zur Verbreitung der Großen Lehre« war die erste Erklärung dieser Position. Japan als ein Zentralstaat konnte den Krieg gegen China und Russland im Ersten Weltkrieg gewinnen und wurde zum modernen Staat, der sich mit den europäischen Mächten vergleichen konnte. Aber wie einst die blinden Bettel-Mönche mit der Lyra in der epischen Erzählung *Heike monogatari* (zu dieser Erzählung siehe das 2. Kapitel: Wahrheit und Unwahrheit der Erzählung »Shunkan«) es formulierten, überfiel das »Gesetz des Schicksals, dass die Starken irgendwann untergehen müssen«, letztlich auch das verrückt gewordene Militärregime, das die Invasion in den asiatischen Kontinent und den Krieg gegen Amerika gewagt hatte. In derselben Flut sind die rechtsextremistischen Denker mit ihrer Ideologie der »Einigung des Shintō und der Politik« auf den Abweg geraten, am Ende gegen die Philosophen der Kyōto-Schule den »philosophischen Krieg« *(shisō-sen)* zu erklären.[4] Das war siebzig Jahre nach der »Erklärung zur Verbreitung der Großen Lehre«.

Abb. 5: Stele für den im Dienst gestorbenen Polizisten Murata

Das Rätsel eines »im Dienst gestorbenen Polizisten«

Am »Grab der Königin Sōjun« kann, um die zuvor gebrauchte Metaphorik wieder aufzugreifen, die erste Legung des Minenfeldes beobachtet werden, welches bald in Form des extrem nationalistischen Staatsshintō die Explosion in Form des Zweiten Weltkriegs herbeigeführt hat.

Aber auch in weniger staatstragenden Dimensionen ist der Nachschein des »Minenfeldes« zu erkennen, wie ein Blick an den Fuß des Grabes der Königin Sōjun zeigt: Es liegt zwar isoliert, umgeben von einer weißen Mauer, ohne dass die Fußgänger etwas davon wüssten. Allerdings steht nur einige Meter davon entfernt ein sehr kleiner, unauffälliger Grabstein wie ein Wächter. Es handelt sich um

Abb. 6: Grab Sōjuns im Herbst mit Stele im Hintergrund

das Monument des »im-Dienst-gestorbenen Polizisten Mutsuho Murata« (Abb. 5). Am 30. August 1966 wurde der Polizist Murata bei seiner Nachtpatrouille am Philosophenweg von einem Unbekannten mit seiner eigenen Pistole erschossen und starb im Kanalwasser. Normalerweise wurde damals die Patrouille von zwei Polizisten gemacht, in dieser Nacht aber ausnahmsweise nur von Murata allein, was weitere Mutmaßungen herbeiführte. Der Zeuge K. Obayashi, der Shintō-Priester des in der Nähe stehenden Ōtoyo-Schreins, erzählt, dass der Schuss der Pistole zeitweise die Spuren von zwei Kugeln auf dem Ufer hinterlassen habe. Im Hinblick auf den Winkel des Pistolenschusses usw. gelangte man aber auch zu der Annahme, dass er Suizid begangen habe. Das Ereignis wurde am Ende nicht geklärt und dem Polizisten wurde das »Sterben-im-Dienst« (jap. *junshoku*) zuerkannt, sodass für ihn dieses Monument gestiftet wurde.

Gleichzeitig sollte man im Blick behalten, dass eben zu jener Zeit Yukio Mishima in aller Munde war. 1961 hatte er seinen Roman »Patriotismus« publiziert, der 1966 mit ihm in der Hauptrolle, als Regisseur und Drehbuchautor verfilmt wurde. 1970 beging Mishima *Seppuku*, den rituellen Selbstmord durch Bauchaufschlitzen.[5] Diese Todesart war zu jener Zeit längst nicht mehr praktiziert worden, sondern war selbst nur ein Zitat jener Tradition, die Mishima mit seinem übersteigerten Patriotismus verteidigen wollte. Gewissermaßen findet sich auch in Mishimas Gewaltakt ein Nachschein der vergangenen

Ästhetik des japanischen Kaiserreiches, was vielleicht ein Grund dafür ist, dass ihm einige Jugendliche begeistert folgten. Seine »Gruppe des Schildes« (jap.: *Tate-no-kai*) sollte von Polizisten überwacht werden, wobei einige freilich auch gewisse Sympathien mit der Gruppe hegten. Es ist wenigstens nicht unmöglich, dass auch der Polizist Murata aufgrund solcher Sympathien sich zum Selbstmord entschlossen hat.

Freilich sind das Grab der Königin Sōjun und das des Polizisten voneinander unabhängig. Dennoch besteht zwischen ihnen zeitlich wie auch räumlich eine »beziehungslose Beziehung aufeinander« (Abb. 6). In der Abbildung sieht man das circa 50 cm hohe Steinmonument für Murata unten rechts, wo die Treppe der Grabstätte aufhört, etwas vor den Zweigen des roten Ahorns, der auf dem Grab der Königin wächst.

Auf die prachtvollen Ahornblätter hier werde ich im zehnten Kapitel »Spazierengehen in den vier Jahreszeiten« nochmals eingehen.

II. Teil:
Wege am Kanal in der modernen Zeit

6. Kitarō Nishida und Shūzō Kuki über ein Gedicht Goethes. Der Tempel Hōnen-in (1)

Kitarō Nishida und der »Philosophenweg«

Die Benennung des »Philosophenwegs« kommt dem Hörensagen zufolge ursprünglich daher, dass der Philosoph Kitarō Nishida oft auf diesem Weg spazieren ging. Wie es aber auch bei der Erzählung über den Priester Shunkan der Fall war, mischen sich auch hier Wahrheit und Unwahrheit.

Der Enkel Nishidas, Hisashi Ueda, schrieb in »*Nishida Kitarō*« (Tokyo 1986): »Mein Großvater hatte damals den ganz regelmäßigen Lebensrhythmus, immer am Vormittag zu arbeiten, am Nachmittag Mittagsschlaf zu machen, am Abend spazieren zu gehen«. »Damals« meint die Zeit nach der zweiten Heirat Nishidas mit Koto Yamada (1931). In den Tagebüchern Nishidas taucht das Wort »Spaziergang« nur in einem bestimmten Zeitraum häufig auf. Er hatte seit seiner Jugendzeit die Gewohnheit, ziemlich fleißig Tagebuch zu führen, wenn auch immer ganz kurz und schlicht, sodass man ungefähr wissen kann, an welchem Tag er was getan und wen gesehen hat. Man kann deshalb auch ungefähr wissen, wann und wo Nishida spazieren ging. Die Erwähnungen von Spaziergängen werden nach seiner zweiten Heirat mit einem Mal häufiger. In der Darstellung seines Tagebuchs z.B. vom 10. April 1937 schrieb Nishida: »Mit Koto den Kanal entlang bis zu Maruyama den großen Spaziergang (gegangen)«. Es gibt nur eine Route, die »dem Kanal entlang« liegt, den heutigen Philosophenweg. Nishida scheint an besagtem Tag von seinem damaligen Haus aus auf diesem Weg bis zum dessen südlichem Ende in der Gegend Nyakuōji, dann durch die Anlage des Nanzen-Tempels hindurch bis zum Maruyama-Park spazieren gegangen zu sein. Die gesamte Strecke wäre vier bis fünf Kilometer lang. Bestimmt war das ein »großer Spaziergang«.

Aber ansonsten kommt unter den Eintragungen in den Tagebüchern über den »Spaziergang« keine Stelle vor, der man als Route den »dem Kanal entlang« laufenden Weg entnimmt. Um überhaupt von seinem Haus zum Anfang des Philosophenwegs, d.h. bis zum Eingangsbereich des Silber-Tempels zu gelangen, muss man schon über zwei Kilometer gehen. Auch wenn man von dort umgehend nach Hause zurückgeht, ohne weiter auf dem Philosophenweg zu gehen, wird man mehr als eine Stunde brauchen. Wenn Nishida seinem »ganz regelmäßigen Lebensrhythmus« entsprechend am Abend gemütlich einen Spaziergang gemacht hätte, wäre es in Anbetracht der Strecke und der zeitlichen Dauer unmöglich gewesen, auf dem Philosophenweg spazieren zu gehen. So ist die Behauptung, der Name gehe auf Nishidas Spaziergänge zurück, zwar nicht gänzlich eine Lüge, aber zum großen Teil Fiktion, die aus der Assoziation mit dem Wort »Philosophie« kommt.

Dass Nishida nur während der zwölf Jahre seit seiner zweiten Heirat mit Koto Yamada immer wieder vom »Spaziergang« schreibt, verrät allerdings einiges über sein Leben, das immer wieder von Schicksalsschlägen heimgesucht wurde. Fünf seiner acht Kinder sind am Ende früher als Nishida hingeschieden, der Reihe nach: die zweite Tochter Yūko, die fünfte Tochter Aiko, der erste Sohn Ken, die vierte Tochter Tomoko, die erste Tochter Yayoi. Nach dem Tod seiner ersten Ehefrau schlugen einige Leute aus seinem Freundeskreis Nishida vor, wieder zu heiraten, und er war nicht dagegen. Sein Sohn und dessen Frau waren aber dagegen. So schickte Nishida am 5. Dezember 1929 einen langen und herzlichen Brief an sie, in dem er wie folgt schrieb:

»Der vergangene zehnjährige Zeitraum war keineswegs derart, dass ich ein ruhiges, akademisches Leben genießen konnte. Meine Frau, die für mich die einzige Stütze war, hatte sich zu Tode geschwächt. Nacheinander folgten die Erkrankungen der Familienmitglieder. Besonders mühselig war es mit Tomoko nach ihrer Erkrankung. Inmitten dieser fast unerträglichen und unmenschlichen Situation habe ich gekämpft für meine philosophischen Aufgaben. [...] Ab und zu denke ich an mich und fühle die tiefe Einsamkeit. Oft kommt der Wunsch auf, in den kommenden Jahren ein warmes und ruhiges Leben zu haben.«

In dieser Einsamkeit tauchten einige Kandidatinnen für die Wiederverheiratung auf, und schließlich heiratete Nishida Koto Yamada. Der Austausch der Liebesgedichte der beiden ist aufbewahrt. Nishida konnte endlich in seinen letzten circa zwölf Jahren »ein warmes und ruhiges Leben« haben. So ging er oft mit Koto spazieren – offenbar verfügte er nun anders als zuvor über die dazu nötige Muße. Auch im »philosophischen Weg« seines eigenen Denkens trat er in die Epoche

Abb. 1: Grab Kukis mit der Inschrift Nishidas

seiner »Spätphilosophie« ein, die mit dem Aufsatz »Die Welt als das dialektische Allgemeine« (1934) begann.

Im Kontext des vorliegenden Kapitels ist aber zu fragen, was der obige »philosophische Weg« Nishidas in seiner Spätzeit mit dem »Philosophenweg« als einem geographischen Raum zu tun hat. Einen Hinweis gibt eine Stelle aus den Tagebüchern Nishidas. Es handelt sich um den kurzen Eintrag vom 26. Mai 1945, zwei Wochen vor seinem Tod. Nishida lebte inzwischen in Kamakura. An dieser Stelle schrieb Nishida: »Ich habe die Inschrift für das Grab Kukis geschrieben.«

Bekannterweise war »Kuki« der Autor der Schrift »*Struktur des ›Iki‹« (›Iki‹ no kōzō)*. Sein Grab befindet sich auf dem Friedhof des Hōnen-Tempels, der am Philosophenweg liegt (Abb. 1). In der Nacht vor dem Tag, an dem Nishida den Satz in sein Tagebuch schrieb, wurde Tōkyō – nicht weit von Kamakura – wieder von harten Luftangriffen der Amerikaner getroffen und an verschiedenen Orten der Hauptstadt fielen Gebäude dem Feuer zum Opfer. Der Pazifische Krieg näherte sich dem Ende. Im Tagebuch schrieb Nishida an diesem 26. Mai: »Letzte Nacht kamen 250 Maschinen zum Luftangriff, der Kaiser-Palast, der Kaiserin-Palast Ōmiya, verschiedene Orte in der Hauptstadt wurden in Brand gesetzt. Die Yamanote-Linie wurde angehalten, die nationale Bahn zwischen Tōkyō und Ōfuna ebenfalls.«

Vier Jahre vor diesem Luftangriff, am 6. Mai 1941, war Shūzō Kuki gestorben. Nishida hatte ihn zum Dozenten der Literarischen

Fakultät der Kaiserlichen Universität Kyōto berufen. Ich weiß nicht, wie es dazu kam, dass das Grab von Kuki im Friedhof des Tempels Hōnen-in gestiftet wurde. Jedenfalls ließ Nishida auf dem Grab nicht nur den Namen Kukis, sondern auch ein Gedicht Goethes, übersetzt von ihm selber und mit Pinsel ebenfalls von ihm kalligraphisch geschrieben, inskribieren. Die japanische Übersetzung lautet: *Miharukasu yama no itadaki / kozue ni wa / kaze mo ugokazu / tori mo nakazu / mate shibashi / yagate nanji mo yasurawan* (見はるかす山の頂／梢には風も動かず鳥も鳴かず／まてしばしやがて汝も休はん) (Abb. 2). Das Gedicht Goethes lautet:

Über allen Gipfeln
Ist Ruh',
In allen Wipfeln
Spürest du
Kaum einen Hauch;
Die Vögelein schweigen im Walde.
Warte nur, balde
Ruhest du auch.

Goethes Gedicht »Wandrers Nachtlied«

Nicht nur die Deutschen, sondern auch alle Goethe-Liebhaber in der ganzen Welt kennen dieses Gedicht. Goethe (1749–1831) hat es wahrscheinlich am 6. September 1780 auf das Fensterbrett in einer Jagdhütte auf dem 861 m hohen Berg Kickelhahn mit Bleistift geschrieben. Da er damals Minister im Herzogtum Sachsen-Weimar-Eisenach war und der Berg nicht allzu weit von seinem Wohnort entfernt lag, ist er einige Male auf diesen Berg gestiegen. Mit dem Abstand von ein paar Jahrzehnten stieg er am 27. August 1831 wieder auf den Berg. Das war am Tag vor seinem einundachtzigsten Geburtstag. Er fand das von ihm selbst auf das Fensterbrett geschriebene Gedicht wieder. Der Berginspektor Johann Heinrich Christian Mahr, der ihn begleitete, schrieb, dass Tränen über die Wangen Goethes flossen. Nachdem Goethe sich die Tränen mit dem Taschentuch getrocknet hatte, sprach er in sanftem, wehmütigem Ton: ›Ja: warte nur, balde ruhest du auch!‹ Dann schwieg er eine Weile. Der Text von Johann Heinrich Christian Mahr trägt den Titel *Goethes letzter Aufenthalt in Ilmenau* und erschien ursprünglich im *Weimarer Sonntagsblatt* Nr. 29 vom 15. Juli 1855. Heute kann er im Internet gefunden werden.

Abb. 2: Gedicht Goethes in Nishidas Übersetzung

Wie das von Goethe zu ihm selbst gesprochene Wort verkündet, starb Goethe nur sieben Monate später, am 22. März 1832.

Nishida hatte vielleicht auch, als er dieses Gedicht Goethes auf den Grabstein Kukis inskribieren ließ, geahnt, dass sein eigener Tod nicht weit in der Zukunft liegen würde. Wegen der wiederholten und harten Luftangriffe waren die Lebensmittel knapp. Es gibt einige Briefe, in denen er schreibt, dass er wegen des Alters körperlich geschwächt war. Die Schüler und Freunde empfahlen ihm, in die Provinz zu gehen, wo man in Ruhe leben könnte. Ein Haus wurde für Nishida verfügbar gemacht. Dieser zögerte am Anfang, entschloss sich aber, den Ratschlägen zu folgen, und versuchte, Zugtickets zu bestellen. Doch verschlechterte sich sein Gesundheitszustand, und am 7. Juni 1945, also zwei Wochen nach dem Schreiben der Lapidarschrift für das Grab Kukis, starb er aufgrund einer Urämie.

Die Leser mögen meinen, dass das Dargestellte zwar ein kulturgeschichtlich einigermaßen bemerkenswerter Ausblick auf den Philosophenweg ist, sie könnten aber fragen, ob und welchen *philosophischen Sinn* es uns bietet.

So sei es erlaubt, kurz einen philosophischen Aspekt dessen zu erwähnen, was mit dem Grab Kukis zu tun hat. Dazu ist es nötig, noch einen Namen zu nennen: Martin Heidegger. Kuki hatte beim Entwurf von »*Struktur des ›Iki‹*« oft mit Heidegger Gespräche geführt.

Zu: »Ist Ruh'«

Heidegger behandelte in seiner Vorlesung von 1935 »*Einführung in die Metaphysik*« dieses Gedicht Goethes. Er bewegte sich auch in dieser Vorlesung im Umkreis seiner Grundfrage nach dem Sinn von »Sein« (»ist«), wozu er im Gedicht Goethes einen Ansatzpunkt fand.

Man bedenke, dass das Faktum des »Seins« von etwas, bzw. dass dieses »ist« oder »war«, eine jedem bekannte und insofern banale Sache ist. Aber sobald man nach dem Sinn dieses Bekannten und Banalen fragt, wird man verlegen, da man dieses »Ist/War«, somit die »Zeit« und das »Sein«, nicht vor sich stellen kann wie einen Gegenstand. »Sein« und »Zeit« kann man weder analytisch noch objektiv betrachten. Die Frage nach solchen unbestimmten Sachen sollte, so mag man meinen, den Menschen überlassen werden, die Muße haben, während man sich genug mit den Anliegen des eigenen Alltagslebens beschäftigen muss. Aber sobald man bemerkt, dass gerade dieses Alltagsleben endlich ist und mit dem Tod zunichte geht, sieht man, dass dieses Alltagsleben gar nicht so selbstverständlich, sondern eher in seinem Sinn und seiner Bedeutung äußerst frag-würdig ist. Die Frage nach dem »Sein« und der »Zeit« ergibt sich doch als dasjenige Anliegen, das unter Umständen das größte von allen ist. Man sieht weiterhin, dass diese Frage zur »ersten Philosophie« im Abendland wurde und sich in Form der »Ontologie« entwickelte.

So veröffentlichte Heidegger 1927 »*Sein und Zeit*«, die Schrift, die als das größte Ereignis in der Philosophiegeschichte des 20. Jahrhunderts angesehen werden kann. Aber die Seinsfrage wurde in dieser Schrift nicht »beantwortet«. Sie blieb für Heidegger als die Frage bestehen, die ihn im Denken weiter bewegte. Ein Wegweiser auf diesem Denkweg ist die Vorlesung von 1935 »*Einführung in die Metaphysik*«.

Heidegger spricht in dieser Vorlesung sinngemäß wie folgt: Das »ist« lässt sich in verschiedenen Wendungen gebrauchen und ersetzen bzw. umschreiben. Wir sagen: »Gott ist«, d. h., Gott ist wirklich gegenwärtig; »die Erde ist«, d. h., die Erde ist ständig vorhanden; »der Vortrag ist im Hörsaal«, d. h., der Vortrag findet dort statt; »der Bauer ist auf dem Feld«, d. h., der Bauer hält sich dort auf; »der Becher ist aus Silber«, d. h., er besteht aus Silber; »der Hund ist im Garten«, d. h., er treibt sich dort herum. Wie steht es nun um den Ausdruck »Über allen Gipfeln / Ist Ruh'«?

Heidegger bemerkt, dass dieses »ist« im letzten Beispiel sich gar nicht umschreiben lässt. Wenn man versuchsweise eine Umschreibung wagt: »Über allen Gipfeln / herrscht Ruh«, so wird man gestehen müssen, dass die Ruhe, die »herrscht«, keine Ruhe mehr ist, die über allen Gipfeln »ist«. Er sagt: »In diesem ›ist‹ eröffnet sich uns das Sein in einer vielfältigen Weise«.

Der hier zitierte Vers »Über allen Gipfeln / Ist Ruh'« wird von Nishida so übersetzt, dass eine Rückübersetzung ins Deutsch lauten kann: »Auf den weit entfernten Gipfeln, die ich überblicke.« *(Miharukasu yama no itadaki)* Man sieht gleich, dass der für Heidegger entscheidende Ausdruck »ist Ruh« einfach ausgelassen wird.

Allerdings ließ Nishida nicht einfach das genannte Wort weg. Die von ihm übersetzten weiteren Verse lauten, um diese wiederum in einer Rückübersetzung wiederzugeben: *»An den Wipfeln weht kein Wind, auch die Vögelein schweigen« (kozue ni wa / kaze mo ugokazu / tori mo nakazu).* In dieser Übersetzung spürt man, dass die »Ruhe« konkret und real vorhanden ist. Wenn vorher eine erklärende Beschreibung wie »Die Ruhe *ist*« kommt, verliert das übersetzte Gedicht an innerer Spannung.

Der entscheidende Unterschied zwischen dem originalen und dem übersetzten Gedicht beginnt eigentlich schon mit dem ersten Vers in der Übersetzung Nishidas. Der Vers lautet, um ihn wiederum in der Rückübersetzung wiederzugeben: »Auf den weit entfernten Gipfeln, die ich überblicke.« Der Dichter steht auf dem Gipfel von Kickelhahn und überblickt die Gipfel der Berge in weiter Ferne, so wie es sicherlich auch Goethe selbst getan hat. Das Gefühl der wirklichen Anwesenheit des Dichters auf dem Berg Kickelhahn wird dann mit dem Ausdruck Nishidas »ich überblicke« unmittelbar gegeben. Der Dichter spürt dort rein körperlich, dass »kein Wind weht und die Vögelein schweigen«. In der Übersetzung Nishidas handelt es sich nicht um die objektive Beschreibung eines Dritten, sondern um die Äußerung des wirklich dort in der Ruhe auf dem Berggipfel Stehenden, um den Ausdruck seines Körpergefühls. Man könnte sagen, es handele sich um die »reine Erfahrung« im Sinne Nishidas, die diesseits jeglicher Spaltung in Subjekt und Objekt liegt.

Soll man aber sagen, dass Goethe ein spannungsloses Gedicht machte, indem er das Beschreibungswort »Ist Ruh'« einschob? Keineswegs. Wenn im Gedicht Goethes dieses Wort ausgelassen würde, bestünde kein Reim mehr. Das »Ist Ruh'« und das Ende des vierten Verses »Spürest du« reimen sich, ebenso wie die danach folgenden Verse. Dementsprechend entfaltet sich der Anblick der weit entfernten Berge in die stille »Ruhe«, wodurch diese Ruhe sich sammelt. Das Gedicht Goethes ist ein perfektes Sprachwerk wie ein Kleinod.

Das, woraufhin das Gedicht konzentriert wird, »Ist Ruh'«, ist für Heidegger das Wort, mit dem das »Sein« in einzigartiger Weise ausgesprochen wird. Dieses Wort für das »Sein« wurde in der Übersetzung Nishidas weggelassen. Heidegger redete immer wieder von der »Seinsvergessenheit«, die als die Grundtendenz der abendländischen Metaphysik das Geschick des Abendlandes bildet. Sollte man dann sagen, dass Nishida eben in diese Seinsvergessenheit geraten ist?

Es mag für diese Frage vorläufig genügen, nur darauf hinzuweisen, dass es bei Nishida um das »Nichts« der Ruhe geht, wie es in der Situation zum Ausdruck kommt: »Kaum einen Hauch; / Die Vögelein schweigen im Walde.« Das »Nichts« der Ruhe ist der Ort, an dem das Sein von Himmel und Erde erschlossen wird. Dieses »Nichts« gilt bei Nishida als das Ursprünglichere des »Seins«.

Das Nichts ist für Nishida die Wahrheit des Seins, die in der »reinen Erfahrung« der »Ruhe« bewahrheitet wird. Diese Ruhe wird darin als real gegenwärtig empfunden, so dass: *»An den Wipfeln […] kein Wind [weht], auch die Vögelein schweigen« (kozue ni wa / kaze mo ugokazu / tori mo nakazu)*. Der hier erwähnte »Wind« entspricht dem im Gedicht Goethes besagten »Hauch«, der auch Atem und Pneuma impliziert. Im Gedicht Goethes wird dieses Wort offensichtlich nicht nur wegen der Reimung, sondern auch wegen der Ahnung des »Todes« gebraucht und bereitet die letzten Verse »Warte nur, balde / Ruhest du auch« vor. Nishida teilt diese Ahnung.

Die Verbindung der Nichts-Auffassung Nishidas mit seiner

Auffassung der Dichtung Goethes lässt sich auch im Essay des späten Nishida »Der Hintergrund Goethes« feststellen. Dort bezeichnete Nishida den Hintergrund des Gedichtes von Goethe als »das Formlose«. Das von Nishida gemeinte Formlose ist z. B. die Höhe, die nicht als solche an sich zu finden ist, obwohl ein Berg faktisch hoch ist. Auch die Tiefe ist an sich nirgends, obwohl das Tal in der Tat tief ist. Auch die Ferne und Nähe sind je das Formlose, das nirgendwo an sich ist, aber dennoch redet man davon, dass das Ausland fern und die Heimat nah ist. Wenn dieses Formlose, das die Formen hervorbringt, als die Seinsform des eigenen Herzens verinnerlicht und zu eigen gemacht wird, so kann vom ichlosen Ich oder vom subjektlosen Subjekt die Rede sein.

Fand Heidegger im Gedicht Goethes den Ausdruck für das von ihm gedachte »Sein«, so sah Nishida in demselben Gedicht einen Ausdruck für das »Nichts«, das als das Formlose die Formen hervorbringt. Am Gedicht Goethes, das in den Grabstein Kukis eingraviert wurde, überschneiden sich die Denkwege des deutschen und des japanischen Denkers.

»Struktur des ›Iki‹« von Shūzō Kuki

Von welcher Art ist nun dieser Schnittpunkt zwischen dem Denken Heideggers und dem Kukis?

Graf Kuki, der neun Jahre in Europa gelebt hat, hatte es schon während seines dortigen Aufenthaltes und auch nach der Heimkehr zu seiner Aufgabe gemacht, die japanische Kultur und das japanische Schöne den Europäern verständlich zu machen. So versuchte er, das japanische ästhetische Phänomen *iki* im Vergleich mit den kulturellen Phänomenen in Europa und mittels der Begriffe der europäischen Ästhetik zu erklären. Das brachte ihm großen Erfolg. Aber gerade dieses erfolgreiche Unternehmen war in den Augen Heideggers problematisch, da es ihm schien, dass dadurch das Wesen des *iki* ins Europäische versetzt würde. Im Dialog »Aus einem Gespräch von der Sprache« sagt der »Fragende«, d. h. Heidegger selbst:

»F: Noch größer war und bleibt meine Befürchtung, daß auf diesem Weg das eigentliche Wesen der ostasiatischen Kunst verdeckt und in einen ihr ungemäßen Bezirk verschoben werde.« So redet Heidegger immer wieder von der »Gefahr«, die aus dem Gespräch mit Kuki entstand.

Kuki dachte aber, dass die japanische Sprache zur begrifflichen Erklärung nicht ganz taugt und deshalb die Methode der europäischen Ästhetik verwendet werden sollte. Es scheint, dass im philosophischen Verhältnis zwischen Kuki und Heidegger das Element des Aneinander-Vorbeigehens deutlicher ist als das des Einander-Überschneidens. Dies käme wohl im Grunde daher, dass beider Erfahrungen mit der »Natur« aneinander vorbeigehen. Bei Heidegger geht die Erfahrung mit der »Natur« auf die Erfahrung der »physis« aus der griechischen Antike zurück. Es ging dabei um die Natur, die im philosophischen Denken der »Seinsfrage« auftaucht. Dem gegenüber wird die »Natur« bei Kuki nicht eigens zum Thema.

Kuki, der ein raffiniert ästhetisches Leben geführt hat, redet wenig vom Naturschönen und der Naturlandschaft. Die Phänomene des *iki*, die er begrifflich erläutert hat, waren durchaus Kulturphänomene und nicht auf dem Gipfel des Kickelhahns zu finden. Zwar redete er auch von den »natürlichen Phänomenen von *iki*«, aber die dabei gemeinte »Natur« ist die des Menschenkörpers, an dem die Phänomene von *iki* sich zeigen, und nicht die Natur von Phänomenen wie Wolken und Bergen.

Allerdings könnte man die Darstellung Kukis in der Richtung weiterführen, in der man möglicherweise durch ästhetisch-künstlerische Gestaltung hindurch zur Natürlichkeit im höheren Sinne zurückkommt, was Kuki nicht zurückweisen würde. Dies gilt, wenn er z. B. in der Architektur des Teehauses das Element von *iki* findet. Er macht dabei auf das Baumaterial für diese Architektur aufmerksam, auf den Bambus. Er wird den Zaun aus Bambus, wie er exemplarisch vor dem Eingang in den Silber-Tempel zu sehen ist, zu einem Phänomen des *iki* zählen (Siehe Kapitel 4, Abb. 3). Dort drückt sich ein Grundcharakter des *iki* aus, die »Dualität« in Form der gespannten »parallelen Geradlinien« – was ich im nächsten Kapitel noch ausführen möchte –, da der Stoff, der Bambus, von vornherein für die künstlerische Herstellung dieser Linien geeignet ist. Auch die Teestube Dōjinsai, die wir im 4. Kapitel vorgestellt haben, ist versehen mit einem Papierfenster, dessen Gitter aus schmalen Bambusstücken gemacht wurde. Die parallel-schlichte Form dieses Gitters ist zwar ein Artefakt, aber dennoch verweist sie in ihrer Schlichtheit auf die ursprüngliche Natürlichkeit des Bambus. Zwar gibt es auf dem Philosophenweg kein Teehaus im engeren Sinne des Wortes, aber man kann eine daran angelehnte Architektur ohne weiteres hier und da finden (Abb. 3).

Abb. 3: Haus im japanischen Stil am Philosophenweg

Es ist bereits zwanzig Jahre her, dass ich auf den Berg Kickelhahn stieg. Zwar fand sich der Berg inmitten eines großen Waldgebiets, aber mit dem Auto konnte man ohne Schwierigkeiten bis zum Fuße des Berges kommen. Nach der Autofahrt stiegen wir circa 20 Minuten zu Fuß auf den Berg, mit aufgespanntem Regenschirm, da es nieselte. Als ich auf dem Gipfel stand und die Umgebung überblickte, sah ich, obwohl im Himmel dunkle Regenwolken hingen, in der Ferne die Berge, die sich aufschichteten. Der erste Vers im Gedicht Goethes lautet zwar: »Über allen Gipfeln / ist Ruh'«, aber ich erinnerte mich eher an ein Wort in der Kōan-Sammlung BI-YÄN-LU,[6] das in meiner Übersetzung lautet: »Sagenhaft, die Abendwolken schließen sich noch nicht ganz zusammen. Die blauen Berge in der Ferne liegen Schicht auf Schicht«. Im Gedicht Goethes heißt es: »In allen Wipfeln / Spürest du / Kaum einen Hauch; / Die Vögelein schweigen im Walde.« Aber der Wind wehte ein bisschen. Ich hörte allerdings keine Vögelein.

In der »Ruhe« über allen Gipfeln sah Goethe den Schatten seines eigenen »Todes«. Nishida hörte in ihr das »Nichts« des Schweigens von Wind und Vögeln, und Heidegger vernahm in ihr den Spruch des »Seins«. Wenn Shūzō Kuki hier gestanden hätte, hätte er irgendwo in diesem ruhigen Gebirge einen Keim zur Ästhetik der parallelen Linie gefunden?

Zwischen Nishida und Heidegger lag die Ferne und die Nähe von

*Seins*frage und *Nichts*-erfahrung. Zwischen Kuki und Heidegger blieb die Frage offen, ob Phänomene der japanischen Ästhetik mit der Sprache der europäischen Ästhetik oder mit der dem Japanischen gemäßen Sprache beschrieben werden sollen. Das Grab Kukis ist die Einstiegsstelle in diese Fragen, die sich heute noch stellen.

Übrigens gilt auch dieser als Requiem für Kuki aufgestellte Grabstein mit dem Gedicht Goethes als ein Beispiel für die »Gestaltung mit dem Stein«, die im 3. Kapitel erwähnt wurde. Denn indem die feinsinnige Kalligraphie Nishidas auf diesem Grabstein inskribiert wurde, verwandelt er die Stätte in eine dichterische, wie einst das auf einem Fensterbrett geschriebene Gedicht Goethes den Gipfel des Kickelhahns zu einem besinnlichen Ort verwandelte.

7. *»Struktur des ›Iki‹«* und *»Lob des Schattens«* – Zwei Ideen des japanischen Schönen. Der Tempel Hōnen-in (2)

Shūzō Kuki und Jun-ichirō Tanizaki

Der Friedhof, auf dem die Grabstätte Kukis liegt, ist dafür bekannt, dass außer ihm noch einige andere Schriftsteller, Künstler und Gelehrte dort verewigt sind. Um einige Namen anzugeben: der im vierten Kapitel erwähnte Sinologe Konan Naitō, der im zehnten Kapitel zu erwähnende Maler Heihachirō Fukuda sowie der im selben Kapitel, allerdings nur kurz, auftauchende Denker und Ökonom Hajime Kawakami, der in diesem Büchlein nicht auftauchende Dichter Jun Kawata und der Archäologe Kōsaku Hamada uva. Nicht zuletzt ist auch Jun-ichirō Tanizaki zu nennen, dessen Grabmahl wie das Kukis, wenn nicht noch mehr, von der Lebensgeschichte des Schriftstellers geprägt wurde.

Es gibt bestimmte Personen bzw. deren Werke, die erst auf dem Philosophenweg miteinander verglichen und neu betrachtet werden können. Ein solcher Vergleich ist die Begegnung mit der Ästhetik der *»Struktur des ›Iki‹«* von Shūzō Kuki (1888–1941) und des *»Lobs des Schattens«* von Jun-ichirō Tanizaki (1886–1965). Zwar haben die beiden Autoren zu Lebzeiten keinen Umgang miteinander gehabt, aber auch wenn die beiden einander persönlich gekannt hätten, wäre kein enger Umgang zustande gekommen, da die ästhetische Gesinnung der beiden allzu sehr voneinander verschieden ist.

Jedoch sind die von den beiden Autoren vorgelegten zwei Ideen des »Schönen«, das *iki* und der »Schatten«, auch außerhalb Japans bekannt. Ihre Schriften *»Struktur des ›Iki‹«* und *»Lob des Schattens«* sind in verschiedene Sprachen übersetzt worden. So mag es überraschzen, dass ihr Verständnis des Schönen bisher weder in der Ästhetik noch in der Literaturwissenschaft verglichen wurde. Auch im vorliegenden Kapitel können nur erste Ansätze dazu vorgelegt werden.

Doch wieso soll diese vergleichende Betrachtung eigens auf dem Philosophenweg versucht werden? Die Notwendigkeit liegt nicht in der äußerlichen Koinzidenz der Lebenszeit der beiden: Tanizaki wurde 1886, Kuki wurde 1888 geboren, beide studierten im Elite-Institut der First Higher School. Sie liegt auch nicht ganz darin, dass beide auf dem Friedhof des Tempels Hōnen-in begraben sind. Sie liegt vielmehr darin, dass sowohl das Schöne in Form des *iki* wie auch das Schöne in der Weise des »Schattens« auf dem Philosophenweg ihren Nachschein hinterlassen haben.

Ich habe gesagt, dass die beiden keinen engen Umgang miteinander gehabt hätten. Aber sie waren sowohl persönlich wie auch sozial nicht völlig voneinander entfernt. Um der Auslotung des Verhältnisses der beiden willen ist darauf hinzuweisen, dass es einen Zeitgenossen beider gab, der »zwischen« ihnen stand: Tetsurō Watsuji (1889–1960).

Watsuji war von 1925 bis 1934 Professor für Ethik an der Literarischen Fakultät der Kaiserlichen Universität Kyōto und Kuki war bereits 1929 zu dieser Fakultät berufen worden, sodass die beiden fünf Jahre lang Kollegen waren. Das Verhältnis von Watsuji zu Tanizaki war noch enger. Watsuji nahm 1909 an der neu gegründeten Dōjin-shi (einer ausschließlich in einem bestimmten Kreis verteilten Zeitschrift der inneren Mitglieder) namens *Shin-shichō* (»Die neue Flut der Gedanken«) teil, der auch Tanizaki angehörte. Zwar trug Watsuji zu der Zeitschrift ein Drama bei, aber er war kein Konkurrent für Tanizaki hinsichtlich der literarischen Begabung. Außerdem existierte diese Zeitschrift nur zwei Jahre lang, sodass die Mitgliedschaft von Watsuji und Tanizaki in derselben Gruppe bald aufhörte. Allerdings wurde Watsujis Buch »Die Landesabschließung« (*Sakoku*, gemeint ist die Isolationspolitik Japans gegen die Außenwelt in der Edo-Zeit) später mit dem »Literatur-Preis Yomiuri« ausgezeichnet. Watsuji galt deshalb als Gelehrter, der in Philosophie und Literatur Spuren hinterließ. Auf den beiden Seiten Watsujis standen Kuki und Tanizaki als zwei glänzende Sterne, der eine in der Philosophie, der andere in der Literatur.

Als Vorbereitung zur Betrachtung des ästhetischen Bewusstseins von Kuki und Tanizaki ist das mit diesem Bewusstsein eng verbundene »Frauenbild« der beiden Don Juans sowie ihr Leben kurz zu skizzieren. Um ein Missverständnis im Voraus auszuschließen, geht es hier nicht um die Thematisierung der Liebesaffären dieser beiden, sondern um dieselben als »Parameter« ihres ästhetischen Bewusstseins.

Kuki in Paris

Kuki ging einige Jahre nach dem Abschluss des Studiums an der Kaiserlichen Universität Tōkyō 1921 nach Europa, begleitet von seiner Frau Nuiko. In Deutschland gab ihm der Neukantianer Heinrich Rickert gegen hohes Honorar privaten Unterricht. Nachdem Kuki begonnen hatte, die Université de Paris zu besuchen, machte er Jean-Paul Sartre, der damals unbekannt war, zum Hauslehrer. Er lernte auch Henri Bergson kennen. Als er wieder nach Deutschland kam, hatte er Umgang mit Martin Heidegger, Edmund Husserl und anderen. Er kam 1929 nach Japan zurück und wurde gleich darauf an die Kaiserliche Universität Kyōto berufen.

Übrigens befand sich auch Watsuji von 1927 bis 1928 in Deutschland, vor allem in Berlin. Es ist nicht festzustellen, ob Kuki und Watsuji einander in Deutschland besucht haben, obwohl die beiden sich in Paris getroffen haben. Dieses Treffen dürfte in erster Linie wegen der weltbekannten Stadt Paris und nicht wegen eines innig freundschaftlichen Gedankenaustausches zustande gekommen sein. Der Charakterunterschied zwischen Kuki und Watsuji war sowohl hinsichtlich der philosophisch-literarischen Gesinnung wie auch der Lebensweise – der eine ein Aristokrat und ästhetischer Genießer, der andere ein rigoros ethischer Denker – sicherlich zu groß, als dass die beiden einander besucht hätten. Jedenfalls aber zeigte sich der Kontrast der beiden in ihrer Stellung zu Heidegger. Kuki hatte das Manuskript *»Struktur des ›Iki‹«* niedergeschrieben, bevor er Heidegger sah, und hat auf Grundlage dieser Schrift mit Heidegger Gespräche geführt, wodurch er von Heidegger die hermeneutische Denkweise erlernte. Watsuji dagegen sah in Berlin Heideggers *»Sein und Zeit«* (1927) erscheinen, was ihn anregte, ein Gegenstück unter dem Titel »Klima« (jap. *Fūdo*, wörtlich: *»Wind-Erde«*) zu verfassen. Er meinte, dass zwar die »Zeit« bei Heidegger in Betracht gezogen, das Element des »Raums« aber außer Acht gelassen würde.

Um Kukis ästhetischen Epikureismus zu veranschaulichen, gebe ich einige der insgesamt 156 Gedichte aus seiner Gedichtsammlung *»Einbildungslandschaften von Paris«* (»Pari shinkei«) wieder, hier allerdings in einer sinngemäßen Übersetzung. Auf die dichterische Übersetzung der Stimmung und die Silbeneinteilung von 5, 7, 5, 7, 7 sei verzichtet.

アカシヤの木を蔭とする春の夜のうす月を踏むわれと人妻

(Akashiya no ki wo kage to suru haru no yo no/ usuzuki wo fumu ware to hitozuma) »Frühlingsabend, wo Akazienbäume den Schatten werfen, trete ich mit einer verheirateten Dame in die Abschattungen des Mondlichtes.«

ひと夜寝て女役者の肌にふれパリの秋の薔薇の香を嗅ぐ

(Hitoyo nete onna-yakusha no hada ni fure Paris no aki no bara no ka wo kagu) »Heute Nacht brachte ich mit einer Schauspielerin im Bett zu, an der ich den Duft der Herbstrose roch.«

星月夜ゆめみるごとき初秋のセエヌの岸に合はすくちびる

(Hoshi zukiyo yume miru gotoki hatsuaki no Seine no kishi ni awasu kuchibiru) »Im Himmel die Sterne und der Mond; auf dem Ufer der Seine der traumhafte Frühherbst, wo ich eine Dame auf ihren Mund küsse.«

Die Namen, die in der genannten Gedichtsammlung vorkommen: Yvonne, Marianne, Louise, Henriette, Susanne, Fianine, Yvette usw., verweisen auf Frauen, die Kuki in Paris kennenlernte. Für Watsuji, der lebenslang der einen Ehefrau Teru treu blieb und für die letzte Kaiserin Michiko während ihrer Verlobungszeit den Unterricht für die Ausbildung zur Kaiserin übernahm, wäre es ausgeschlossen, mit Kuki eine enge Freundschaft zu schließen. Er hätte aus der Perspektive seiner ethischen Haltung Kuki befragen müssen, was dessen Frau Nuiko wohl gedacht habe, als Kuki am Ufer der Seine mit einer verheirateten Frau spazieren ging. Demjenigen, der diese Frage stellt, würde Kuki allerdings folgendes Gedicht zeigen:

縫子より良きもの無しとひたむきに思ひあまれる宵もこそあれ

(Nuiko yori yoki mono nashi to hitamuki ni omoiamareru yoi mo koso are) »Es gibt auch Abende, wo ich mit ganzem Herzen denke, keine Frau sei besser als Nuiko.«

Kuki hat in diesem Gedicht vielleicht nicht gelogen. Allerdings deutet das Gedicht an, dass es auch andere Abende gibt, wo er an eine andere Frau denkt. Später ließ sich Nuiko von Shūzū Kuki scheiden.

Aber der einseitige Vorwurf gegen Kuki allein aus der Perspektive der herrschenden Moral kann dazu führen, das Kind mit dem Bade auszuschütten. Ethischer Rigorismus kann ohnehin eine verborgene Unterdrückung der Menschlichkeit, somit eine Selbsttäuschung sein. Kuki war, soweit man seine Gedichte und Essays liest, zumindest sich selbst gegenüber offen. Er schaute direkt in sich selbst, wodurch in seinem Inneren zwei Frauenbilder auftauchten:

Die eine war seine Mutter Hatsuko, die einst Geisha im Viertel Gion in Kyōto gewesen war. Als ihr Mann Ryūichi Kuki (1852–1931) als japanischer Botschafter in den USA war, schickte er seine Frau Hatsuko, die an der Gebärmutter erkrankt war und auch psychisch gelitten hatte, im Schiff nach Japan zurück, und zwar in der Begleitung von Tenshin Okakura (1863–1913). Okakura war ebenfalls mit seinem *Buch vom Tee*, das in viele Sprachen übersetzt wurde, international bekannt. Er war der erste Direktor der Kunsthochschule Tōkyō. Während der einmonatigen Schiffsreise verliebten sich Hatsuko und Tenshin ineinander. Nach der Heimkehr lebte Hatsuko von ihrem Mann Ryūichi Kuki getrennt, wobei er den Sohn Shūzō mitnahm. Kurz darauf folgte die Scheidung. Okakura wurde wegen seiner Affäre mit Hatsuko in der Öffentlichkeit diskreditiert und musste seine Stelle als Direktor der Kunsthochschule Tōkyō aufgeben. Nachher verschlechterte sich Hatsukos Nervenerkrankung, sodass sie in eine Anstalt eingewiesen werden musste. Sie starb kurz nach dem Tod ihres Mannes Ryūichi. Das Bild der unglücklichen Mutter Hatsuko war im Andenken Shūzōs ständig vorhanden. Ob es eine unbewusste Motivation gewesen war oder nicht, die zweite Frau Shūzōs war wie seine Mutter eine Geisha im Gion-Viertel.

Das andere Frauenbild für Kuki war das der jüngeren Schwester von Sōichi Iwashita (1889–1940), einem Studienfreund Kukis im Fach Philosophie an der Kaiserlichen Universität Tōkyō. Iwashita wurde jung getauft und wurde später zum katholischen Priester. Als eine führende Person in der katholischen Welt in Japan wurde er von den Gläubigen verehrt. Einer Notiz von Kuki ist zu entnehmen, dass Kuki und Iwashita eng befreundet waren. Kuki verliebte sich in die Schwester Iwashitas, aber wohl unter dem Einfluss Iwashitas wurde sie zur Nonne. Es war nur diese eine Dame, die das spirituelle Leben Kuki vorzog, der mit seiner ausgezeichneten Intelligenz und schönen Figur sowie mit reichlichem Vermögen und hohem Stand die Frauen in Paris anzog. In seiner Pariser Zeit machte Kuki auch ein Waka-Gedicht, das wiederum in einer sinngemäßen Übersetzung lautet:

加特力(カトリック)の尼となりにし恋人も年へだたりぬ今いかならん

(Katorikku no ama to narinishi koibito mo toshi hedatarinu ima ikanaran)
»Es ist viele Jahre her, dass meine Geliebte zur katholischen Nonne wurde, und ich frage mich, wie es ihr jetzt gehe.«

In Kuki waren also die zwei Frauenbilder, d.h. seine Mutter, die ein unglückliches Leben führte, und die Geliebte, die sich gegen ihn entschied. Wenn Kuki wegen der unerfüllten Sehnsucht nach diesen zwei Frauen in Paris immer wieder Affären mit anderen Frauen hatte, so wäre das, als würde man vor Durst salziges Wasser trinken. Ein anderes, etwas sentimentales Gedicht Kukis aus seiner Pariser Zeit lautet:

さびしさの極まる宵は名を呼びて巴里の部屋をとゆきかく行く

(Sabishisa no kiwamaru yoi wa na wo yobite Pari no heya wo toyuki kaku yuki) »In einer Nacht wie heute, in der das Gefühl der extremen Einsamkeit an mir nagt, gehe ich hin und her in meiner Pariser Wohnung, einen Namen rufend.«

Man kann nicht wissen, ob der gerufene Name Hatsuko oder die Schwester Iwashitas war. Es könnte auch sein, dass der gerufene Name nicht bloß einer war.

Jun-ichirō Tanizaki: »Tagebuch eines alten Narren«

Es besteht zwar kein Zweifel darüber, dass in Kuki »einige Bluttropfen von Don Juan flossen, derer Kuki sich nicht schämte«, wie Kuki selber in einem seiner Gedichte gestand. Zugleich hatte er eine Gesinnung, die ihn davor bewahrte, ein einfacher Frauenheld zu sein. Seine Liebesaffären überspannt eine Art Melancholie statt einer losen Wollust. Zwar war auch Jun-ichirō Tanizaki kein bloßer Lüstling. Alle seine Liebeserfahrungen spiegeln sich in seinen Werken, aber sie enthielten keine spirituelle Gespanntheit oder Innerlichkeit wie bei Kuki. Eine teilweise perverse Geschlechtslust mit Tendenz zum Masochismus wurde von Tanizaki ohne Vorbehalt bejaht und verfolgt, auch wenn er dadurch nicht der Obszönität verfiel.

Er wurde mehrmals als Kandidat für den Nobelpreis nominiert, was heute durch die teilweise gesetzliche Aufforderung der Offenlegung der Information bekannt ist. (Vgl. z.B. die Asahi Zeitung vom 23. Sept. 2009, der zufolge bei der Auswahl im Jahre 1958 Yukio Mishima, Pearl S. Buck, Donald Keene und Edwin Reischauer die Nominierung unterstützt haben.) Er wurde weiterhin oft »der große Tanizaki« genannt, wobei das Wort »groß« am Anfang für die Differenzierung von den anderen Personen in der Tanizaki-Familie genutzt wurde, man aber heute darunter einfach der »große Meister« versteht.

Tanizaki hinterließ zahlreiche Werke. Ebenso zahlreich, eventuell zahlreicher als seine Werke, waren die Frauen, mit denen Tanizaki intim umging. Außer seinen drei Ehefrauen versammeln sich hier die Frauen, die in den Bannkreis der Anziehungskraft Tanizakis gerieten.

In seinen Werken spiegelt sich neben den Figuren der Frauen, die er kennenlernte, auch das Zeitalter, in dem er lebte, und die Orte, wo er wohnte. Was seinen Wohnort betrifft, so zog er nach dem großen Beben in Ost-Japan 1923 nach West-Japan um. Die grobe Bezeichnung »West-Japan« ist hier notwendig, weil er immer wieder seinen Wohnort im westlichen Teil von Japan wechselte. Das Kulturleben in West-Japan spiegelte sich seitdem in seinen Werken wieder. Im Hinblick auf das Zeitalter war der Pazifische Krieg ein Hintergrund vor allem seines langen Romans *Sasame-yuki* (»Der feine Pulverschnee«, 1943–1948). Gleich zu Beginn dieses Fortsetzungsromans im Magazin *Chūō-kōron* wurde die weitere Veröffentlichung wegen der Tendenz zum Ästhetizismus auf Befehl des steifen Militärregimes aufgehalten. In diesem Werk wird das feine Kulturleben von vier hübschen Schwestern im Ladenviertel »Senba« in Osaka mit dem schönen Dialekt dieses reichen Viertels erzählt, was fast mit dem langen Roman *Genji monogatari* aus der antiken Heian-Dynastiezeit vergleichbar ist. Wegen der erzwungenen Zurückhaltung im moralischen Leben während der Kriegszeit kommt in diesem Roman ausnahmsweise keine direkte Beschreibung der Geschlechtsliebe vor. Zwar war m. E. eben diese Zurückhaltung das Geheimnis, das diesen Roman zum Zenit der Werke Tanizakis machte, aber sie war nicht der eigene Wille des Schriftstellers. Die Tendenz zum Erotizismus, wie sie schon früher in *Chijin no ai* (»Die Liebe des Idioten«, 1924–1925), oder in *Manji* (»Swastika-Kreuz«, 1928–1930) deutlich war, wurde nach dem Pazifischen Krieg im Roman *Kagi* (»Der Schlüssel«, 1956) ausdrücklicher, und sein noch späteres Werk *Fūten-rōjin nikki* (»Tagebuch eines alten Narren«, 1962) enthält die ungebrochene, zähe Beschreibung des perversen Masochismus eines impotent gewordenen, aber dennoch wollüstigen Alten. Es wird gesagt, dass Tanizaki trotz der mehrmaligen Nominierung für den Nobelpreis deshalb diesen Preis letztlich nicht verliehen bekam, weil seine Geschlechtsbeschreibung für den Nobelpreis als nicht passend beurteilt wurde.

Im letztgenannten Roman wurde im Anschluss an den Befund

der Krankenschwestern und Ärzte auch der »Befund eines Freundes des Alten, Prof. Inoue« zitiert. Der Befund, der allerdings eine Fiktion ist, lautet: »Bei der Erkrankung des Alten handelt es sich eher um eine anomale Geschlechtsbegierde und, soweit die gegenwärtigen Symptome zeigen, nicht um eine psychische Erkrankung. Nun ist für diesen Patienten solche Wollust immer notwendig, weil sie das Leben des Patienten als Energie stützt. Eine dementsprechende Behandlung sollte erfolgen.«

Da bei einer Person oder einer Szene in den Werken Tanizakis fast immer ein Modell oder eine wirkliche Begebenheit existiert, könnte hier gesagt werden, dass dem »Befund von Prof. Inoue« teilweise der Selbstbefund Tanizakis zugrunde liegen dürfte. Dies lässt sich indirekt belegen durch ein an das obige Zitat anschließende Wort von »Prof. Inoue«, das lautet:

»Frau Satsuko wird deshalb darum gebeten, den Patienten vorsichtig zu behandeln und ihn nicht geil zu machen, nicht aufzuregen, sondern möglichst sanft zu pflegen.«

»Frau Satsuko« ist im Roman die Braut des Stiefsohnes des dementen Alten, der durch sie seine masochistischen Begierden stillt. Ein Modell für diese Frau existiert. Die menschlichen Beziehungen Tanizakis sind allerdings kompliziert und auf sie einzugehen ist hier nicht der passende Ort. Um nur den Aspekt zu erwähnen, der mit dem Philosophenweg zu tun hat, so ist das Modell von Satsuko die Enkeltochter von Kansetsu Hashimoto, dem Maler und ersten Besitzer der »Provinzvilla Hakusa« *(Hakusa-sonsō)*, der uns im nächsten Kapitel begegnen wird. Das Modell ist somit auch die Ehefrau des Stiefsohnes aus der letzten Ehe Tanizakis. Dass diese Frau das Modell von Sachiko war, ist in dem Briefwechsel zwischen ihr und Tanizaki (»Briefwechsel Jun-ichirō Tanizaki und Chimako Watanabe«, Tōkyō 2006) offengelegt. Tanizaki schrieb der Frau: »Das Papierstück, auf dem Ihre Sohle abgedruckt wird, möchte ich haben, und ich bitte Sie, es mir zurückzuschicken. Oder Sie könnten den Druck neu herstellen.« (Brief von Tanizaki vom 05.12.1962) Dieser Abdruck wird übrigens vom realen Modell Satsukos aufbewahrt.

Diese Stelle wird im *Tagebuch eines alten Narren* (1962) wiedergegeben. Der Alte fand besonderes Gefallen an den Füßen von Satsuko und wollte eines Tages selber einen Abdruck ihrer Füße herstellen. Im Werk lautet es: »Ich habe die rote Farbe auf den Fußsohlen Satsukos einmal sauber entfernt, ihre einzelnen Zehen bis zu ihren Wurzeln saubergewischt, Satsuko dann auf einem Stuhl sitzen lassen, un-

Abb. 1: Riverside-Café Green Terrasse

ter dem ich mich hingelegt habe, um nach oben gerichtet in unbequemer Haltung die Sohlen [wieder mit roter Farbe, RO] abzuklopfen und anschließend Satsuko mit beiden Füßen auf das Papierstück treten zu lassen, damit ihre Sohlen darauf abgedruckt würden.«

Im Brief fährt Tanizaki, nachdem er das Papierstück mit der Sohlenspur der Frau wünschte, fort: »Ich stimme Ihnen voll zu in der Idee, Ihr Haus in Shishigatani aufzubauen. Ich könnte dann bei Ihnen übernachten, und auch nach meinem Tod in Ihrer Nähe bleiben.«

Das hier gemeinte »Haus in Shishigatani« ist das Gebäude »Atelier de Café« am Philosophenweg, gebaut vom Modell von Satsuko, d. h. von Chimako Watanabe. Beim ersten Besitzerwechsel wurde das Café umbenannt zu »Café Terazza« und seit dem letzten Besitzerwechsel 2016 wird das Café unter dem wiederum neuen Namen »Riverside-Café Green Terrasse« betrieben (Abb. 1). Das Aussehen des Gebäudes, ein weißes Beton-Gebäude, hat sich aber nicht verändert. Zwar sind die Bediener/innen in diesem Café höflich und sympathisch, aber das Gebäude ist für den Philosophenweg zu groß und exhibitionistisch. Sowohl im Hinblick auf die Farbe wie auch auf die räumliche Anpassung erscheint das Gebäude in dieser Umgebung als Eindringling. Jedenfalls ist an diesem Gebäude keine Stelle zu finden, wo man den »Schatten loben« kann.

Das theoretische Schema der *»Struktur des ›Iki‹«* und deren Grenze

Wie gesagt, ist das Frauenbild von Shūzō Kuki und Jun-ichirō Tanizaki als solches kein Thema für das vorliegende Kapitel. Das Thema hier sind die zwei Ideen des ästhetischen Bewusstseins der beiden, als dessen Parameter ihre Frauenbilder kurz betrachtet wurden. Die zwei Typen der Schönheitsidee drücken sich aus mit den Worten *iki* und »Schatten«.

Zunächst ist das *iki* in Betracht zu ziehen. Es hat drei Merkmale. Das erste ist die »Koketterie« in sehr bestimmtem Sinne. Es handelt sich um das Verhältnis von Mann und Frau, die einander anziehen, die aber die Haltung beibehalten, dieses Verhältnis der sanften Gespanntheit zu bewahren. »Das Eigentliche der (hier gemeinten) Koketterie liegt darin, dass das Verhältnis der Dualität dauerhaft gemacht und die Möglichkeit (der geschlechtlichen Vereinigung) als Möglichkeit erhalten wird.« Die Koketterie im Sinne Kukis verschwindet, wenn die Partner sich geschlechtlich vereinigen. Die Koketterie ist das »duale« Verhältnis von Mann und Frau, die sich in gespannter Parallelität befinden. Diese Dualität ist bei Kuki in seinem Verhältnis zu den zwei Frauen als den Gegenständen seiner Sehnsucht zu finden, die ihm gegenüber in ewiger Parallelität bzw. Dualität standen. Ein Gedicht Kukis ist hier aufschlussreich:

»Ist das nicht ein Wunder, diese Kreuzung der parallelen Linien? / Das ist der Sinn des Zufalls / Das ist der goldene Stern, geboren aus dem Chaos / Wir beiden haben es gefunden / den Wellen der kausalen Anlässe folgend / dieses Perlenkleinod.«

Das erste Merkmal von *iki*, die »Koketterie«, zeigt sich in der räumlichen Vorstellung als Verhältnis »paralleler Linien«. Das Verhältnis besteht aber auch in räumlicher Form im Design der Kleidung oder der Architektur. Im vorigen Kapitel wurde darauf hingewiesen, dass Kuki die architektonische Konstruktion der Parallelität bzw. der Dualität im Teehaus sehen wollte. Ein noch bezeichnenderes, erstklassiges Beispiel dafür ist die Stube Dōjinsai im Silber-Tempel, die im vierten Kapitel dargestellt wurde. Die dort auffallende »Ästhetik der parallelen Linien« lässt sich leichter und deutlicher in der Abbildung erkennen als in der Beschreibung (vgl. Kapitel 4, Abb. 4). Da die von Kuki gemeinte Parallelität bzw. Dualität auch im Muster der Kleidung und in der Gestaltung überhaupt materiell ausgedrückt werden kann, bezeichnete Kuki dieses Merkmal mit einem Begriff der abendländischen Metaphysik als *causa materialis*.

Das *iki* enthält freilich auch un-materielle Elemente: *causa formalis*. Kuki gibt zwei Arten dieser *causa formalis* an: *ikuji* (Stolz, Standhaftigkeit) und *akirame* (Entsagung, Einsichtigkeit). Das *ikuji* ist nach Kuki das »moralische Ideal der Edo-Kultur«, deren geistiger Hintergrund die *akirame* sein sollte als die »buddhistische Weltanschauung« bzw. »Lebensanschauung«. *Akirame* entspringt der Einsicht in die Schicksalsbestimmtheit der eigenen Lage und hat etymologisch mit *akirame*, »klären«, zu tun, kann also für eine geklärte Resignation stehen. Die »Koketterie« von Mann und Frau wird bei Kuki zum standhaften »Stolz« sublimiert, der von der Einsichtigkeit und der Entsagung der buddhistischen Weltanschauung geprägt wird.

Kuki hat mit Heidegger über dieses *iki* oft Gespräche geführt, was Heidegger später in »Aus einem Gespräch von der Sprache. Zwischen einem Japaner und einem Fragenden« (1953/54) erwähnt. Heidegger weist in diesem Gespräch auf eine »Gefahr« hin, die dort auftaucht, wo Kuki mit der europäischen Sprache, genauer, mit den Begriffen der europäischen Metaphysik wie dem sinnlichen Schein des Übersinnlichen, das japanische Schöne zu erklären versucht. Dieser metaphysischen Sprache gehören auch die Begriffe *causa formalis* und *causa finalis* an.

Es muss für Kuki eigentlich auch möglich gewesen sein, den Gedanken des *iki* zu beschreiben, ohne sich auf diese metaphysischen Begriffe zu stützen. Denn das Ganze der Schrift zeichnet sich in der phänomenalen Beschreibung der vielen konkreten Phänomene von *iki* aus. Heideggers Bedenken, »alles in die europäische Vorstellung zu versetzen«, war vielleicht teilweise daher gekommen, dass Kuki sich auf metaphysische Begriffe stützte.

Der Streitpunkt im Gespräch zwischen Heiddegger und Kuki soll hier nicht wiederholt werden. An dieser Stelle ist nur zweierlei festzustellen. Das eine ist, dass das Beispiel des zweiten Merkmals des *iki*, d.h. der Gesinnung des *ikuji*, von Kuki in der Gestalt einer Geisha namens »Agemaki« gefunden wurde. Diese spielt im Kabuki-Theaterstück »Sukeroku« neben dem Protagonisten Sukeroku die Hauptrolle. Sukeroku ist der Geliebte von Agemaki als der populärsten Geisha in Edo. Sie tritt mit Mut, Eleganz und Entschiedenheit auf, um den von allen Leuten verhassten, aber reichen Alten »Ikyū« zu tadeln und im Vergleich mit diesem den schönen Sukeroku zu loben. Diese bekannte Szene sei hier auch im Foto gezeigt (Abb. 2).

Abb. 2: Szene aus dem Kabuki-Stück *Sukeroku*

Das zweite Festzustellende ist, dass das exemplarische Beispiel für das dritte Merkmal von »iki«, *akirame,* die Entsagung, von Kuki wiederum in der Lebensansicht der Geisha gefunden wurde. Die Geisha-Damen waren Frauen, die zwar, wenn sie populär wurden, ein prachtvolles und reiches Leben führten, aber keine Freiheit hatten, bis ihre vertraglich bestimmte Dienstzeit zu Ende ging, oder bis ein reicher Mann sie mit Geld befreite, entweder um sie zu heiraten oder zur zweiten Frau zu machen. Kuki sah in der Lebensweise dieser Geisha-Damen die Lebenshaltung von *akirame,* mit Entsagung das eigene Schicksal einzusehen und sich darüber »klar« zu werden. Das Wort *akirame* bedeutet »Entsagung« und »Klar-machen«.

Der Schatten im »Lob des Schattens«

Der Schatten, den Tanizaki in seiner Abhandlung *Lob des Schattens* (1933) darstellt, lässt sich mit den Worten Tanizakis wie folgt formulieren: »Zwar haben wir [die Japaner, RO] nicht generell eine Abneigung gegen das, was glänzt. Aber wir ziehen vor dem, was an der Oberfläche klar durchsichtig ist, eher das vor, was in die Tiefe gesunken sich verschattet.«

Es ist bestimmt eine Tendenz des japanischen ästhetischen Geschmacks, das zu mögen, was sich in einer Verschattung findet. Die Abhandlung *Lob des Schattens* beschreibt diesen Geschmack anhand konkreter Beispiele und mit eloquenter Ausdruckskraft, was für Europäer, die das »Licht« und die »Helle« für einen selbstverständlichen Maßstab für das Schöne nehmen, überraschend sein dürfte.

Ein Parameter dieser »Ästhetik des Schattens« ist wiederum der der »Frauenbilder«. In der Abhandlung *Lob des Schattens* findet man hier und da eine Beschreibung der Farbe der »Haut« von Frauen. Die Beschreibung verrät den tiefsitzenden »White Complex« Tanizakis. Er schreibt:

»Zwar haben wir auch seit alters her die weiße Haut geliebt, diese vor der schwarzen vorgezogen und für schön gehalten. Aber dennoch ist die weiße Farbe der weißen Menschen irgendwie anders als die von uns. (...) Bei den Japanern ist das Weiß der Haut, so weiß sie auch sein mag, irgendwie leicht verschattet. Trotzdem versuchen diese Frauen, sich mit den europäischen Frauen vergleichbar zu machen, indem sie den Rücken und die Arme bis zur Achselhöhle bloßstellen. Aber sie können die dunkle Farbe nicht löschen, die in der Tiefe ihrer Haut liegt. Als ob man von oben auf klares Wasser heruntersieht und bis zum Schmutz in der Tiefe durchsieht, so erkennt man dieses Dunkel. (...) Im Fall der Europäerinnen ist, auch wenn ihre Haut an der Oberfläche trüb ist, diese eigentlich bis in die Tiefe hell und durchsichtig, und es gibt an keiner Stelle des ganzen Körpers solch schmutzigen Schatten.«

Tanizaki denkt, dass die »gelbe Rasse«, um dieses Handikap in einen Vorzug zu verwandeln, die »Welt des Schattens« geschaffen hat: »Die Menschen in der alten Zeit haben unbewusst diesen Logos angewendet [den »Logos der Verschattung«, den die »Natur« der »gelben Rasse« gelehrt haben soll, um die weiße Haut als das weibliche Schöne auch bei der gelben Rasse zu ermöglichen, R. O.], um das gelbe Gesicht weiß aussehen zu lassen.«

Tanizaki wusste nicht, dass ein europäischer Denker, Immanuel Kant, in der *Kritik der Urteilskraft* erörtert, dass das Ideal des Schönen sich mit der Kultur und der Sitte verbindet. Die Äußerung Tanizakis über den »Komplex der weißen Haut« war wohl die kulturgeschichtlich gebildete Empfindung eines Intellektuellen gewesen, der in der Meiji-, Taishō- und Shōwa-Zeit lebte, in der Zeit also, in der die japanische Kultur immer mehr europäisiert bzw. amerikanisiert wurde. In dieser Hinsicht war sogar Kuki keine Ausnahme, der während seines Aufenthaltes in Europa ein merkwürdiges Gedicht mit dem Titel »Das gelbe Gesicht« schrieb. Er stellt dort eine Frage: »Wie kann das gelbe Gesicht zum weißen werden?«

Tanizaki sah, dass mit dem Gang der Zivilisation die Welt des

Schattens vom Verschwinden bedroht wurde, da das Leben durch die elektrische Beleuchtung immer heller wurde. Dies war für ihn ein ernstes Problem. So wird sein *Lob des Schattens* mit dem folgenden Absatz abgeschlossen:

»Ich möchte versuchen, die Welt des Schattens, die wir bereits gerade zu verlieren angefangen haben, zumindest im Bereich der Literatur zurückzurufen. Ich möchte das Dach des Palastes der Literatur breit und die Wand dunkel machen, um das allzu Auffällige ins Dunkel zurückzuschieben, indem ich allen unnötigen Schmucke im Inneren abstreife. Ich beanspruche nicht, dass dies in allen Häusern gemacht werden soll. Ich denke nur, dass es vielleicht ein Haus geben darf, in dem so was gemacht wird. Wie wird es dann sein? Zur Probe mache ich das Licht aus.«

Jaku, das »Einsam-Stille«, und *Kū*, die »Leere«, bzw. *wabi* und *sabi*

Die *Struktur des ›Iki‹* von Shūzō Kuki war eine Idee des Schönen, dessen Gebiet sich über die Architektur, die Kleidung, die Gebärde und die körperliche Bewegung hinaus bis zur Aussprache der Worte im Alltag erstreckt. Mit diesem ästhetischen Bewusstsein verbunden ist das Bild der »Geisha«, deren Idealbild in der Zeit namens »Bunka-Bunsei« in der Edo-Periode zu finden ist. Die Frauengeschichten von Kuki, die er am ästhetischen Maßstab dieses Ideals der Edo-Periode verfolgte, wurden begleitet von jenem Ideal, das ihm in Gestalt seiner Mutter und seiner Geliebten vor Augen stand. Dieses Bild war ein Bild, das nicht zu realisieren war. Der Sehnsucht nach diesem Bild entspricht die Schwermut. Würde man aus Kukis Entwurf diese Schwermut und deren Innerlichkeit herauskürzen und sich nur in die Welt der Geschlechtsliebe versenken wollen, um dadurch ebendiese zum literatischen Ausdruck zu sublimieren, so erhielte man das ästhetische Bewusstsein Tanizakis vom »Schatten«.

Nach diesen Betrachtungen bleibt die Frage, was das oben Gesehene mit dem Philosophenweg zu tun hat. Es wurde schon erwähnt, dass das *iki* in der Architektur als das Design der »Dualität« zum Ausdruck kommt und ein ausgezeichnetes Beispiel dafür im Teezimmer der Stube Dōjinsai im Silber-Tempel zu sehen ist. Aber auch die anderen zwei Merkmale von *iki*, die »stolze Standhaftigkeit« *(ikuji)* und die »einsichtige Entsagung« *(akirame)* können zu den Elementen der künstlerischen Gestaltung werden. Die stolze Standhaftigkeit bedeutet zuerst die entschiedene Gespanntheit in der Haltung, sich mit der harten Wirklichkeit auseinanderzusetzen. Eben diese Gespanntheit wird oft in der künstlerischen Ausdrucksform gewünscht. Die einsichtige Entsagung bedeutet Annahme des Schicksals, dass Wirklichkeit und Wunsch nicht miteinander übereinstimen, sondern im dualen Verhältnis der Parallelität bleiben. Auch diese gespannte Parallelität kann in Form der künstlerischen Gestaltung ausgedrückt werden. In der Tat hat Kuki anhand einiger Beispiele von Design und Architektur auf die Ausdrucksweisen von *iki* mit den genannten drei Merkmalen hingewiesen.

In die Richtung innerlich vertiefter Spiritualität dieser drei Merkmale weist die Stube Dōjinsai. Wenn man erneut die vierte Abbildung im vierten Kapitel ansieht, wird man den räumlich realisierten Ausdruck für dieses *iki* besser verstehen können. Shōgun Yoshimasa, der sich von der politischen Welt zurückzog und sich ausschließlich mit dem Aufbau einer ästhetischen Welt beschäftigte, verbrachte die dem ästhetischen Genuss gewidmete Zeit in dieser Stube Dōjinsai, deren Raum für ihn die stolze Standhaftigkeit in der Welt des Schönen und die Gespanntheit der einsichtigen Entsagung gegenüber der Welt der politischen Macht bedeutet haben muss.

So viel zum Ausdruck des *iki* auf dem Philosophenweg. Ist im Fall der »Ästhetik des Schattens« von Tanizaki eine Einstiegsstelle in diese Ästhetik bzw. ein konkretes Beispiel dafür auf dem Philosophenweg zu finden? Es wurde vorhin schon bemerkt, dass es an dem Beton-Gebäude, das vom Modell von »Satsuko« gebaut wurde, keine Stelle als Gegenstand des »Lobs des Schattens« gibt. Aber am Philosophenweg stehen einige anmutige Häuser im japanischen Stil. Im Inneren dieser Häuser muss es bestimmt Räume geben, die den Lichteffekt des von Tanizaki beschriebenen »Schattens« haben. Denn, wie man der Beschreibung Tanizakis entnimmt, ist der »Schatten« in seinem Sinne nicht das Charakteristikum von künstlerisch-ästhetisch besonders elaborierten Räumen, sondern das des Lebensstils in der traditionellen japanischen Architektur.

Jedoch möchte ich hier auf einen spezifischen Ort des »Schattens« verweisen, den Ort, den Tanizaki gewünscht hatte und der nach seinem Tod realisiert wurde. Wie vorhin gesehen, hörte Tanizaki, dass das Modell von »Satsuko« ein Haus in Shishigatani bauen will, und schriebt in einem Brief an sie: »Wenn das Haus dort gebaut wird, können wir dort zusammen übernachten, und ich kann auch nach meinem Tod in Ihrer Nähe bleiben.« Die von ihm gewünschte

Abb. 3: Grabmal Tanizakis: Kū

»Nähe« ist unweit des oben genannten Beton-Gebäudes wirklich zu finden. Direkt hinter diesem Café liegt der Friedhof des Tempels Hōnen-in, wo Tanizaki begraben ist.

Im *Tagebuch eines alten Narren* gibt es eine Stelle, da die Hauptperson, der Alte, nach einer Grabstätte sucht, die ihm gefällt. Auf Empfehlung seiner Tochter taucht der Tempel Hōnen-in als möglicher Ort auf. Die Tochter sagt: »Hōnen-in findet sich jetzt in der Stadtmitte und die Straßenbahn fährt an ihm vorbei. In der Saison der Kirschblüte ist das Viertel lebendig und dennoch, sobald man in die Tempelanlage hineintritt, ist es, wie man sieht, sehr ruhig, und man fühlt sich beruhigt. Ich glaube, es gibt nirgendwo einen so guten Ort.« Der Alte bespricht sich mit dem Priester des Hōnen-in, der ihm eine Grabstätte verspricht. Danach beginnt der Alte, über seinen Grabstein nachzudenken. Zuerst denkt er an einen Stein im Stil des »nahtlosen Turms«. Dann überlegt er, aus Stein eine Figur der Kannon-Bodhisattva fertigen zu lassen, die seiner Geliebten Satsuko ähnlich sein soll. Schließlich denkt er an die altertümliche Form »Buddhas Fußabdrucksstein« (jap. *bussokuseki*). Er hat daraufhin die wahnsinnige Idee, den Abdruck der Füße von Satsuko in seinen Grabsein hineinmeißeln zu lassen, um auch nach dem Tod von den schönen Füßen Satsukos »betreten« zu werden. »Wenn sie auf den Grabstein tritt und sich fühlt, als trete sie ›jetzt auf der Erde, unter der die Knochen jenes Alten liegen‹, dann wird auch meine Seele glauben, irgendwo am Leben zu sein, die Schwere ihres ganzen Kör-

Abb. 4: Grabmal Tanizakus: Jaku

pers und den Schmerz fühlen, die weiche und zarte Haut ihrer Sohlen spüren. Ich verspreche, auch nach dem Tod so was zu fühlen. Es kann nicht sein, dass ich davon nichts fühle.« Diese Idee war schließlich der Grund, warum der Alte den Abdruck der Füße Satsukos machen wollte.

Es lässt sich nicht beweisen, inwieweit die Beschreibung im Roman wirklich das war, was Tanizaki selbst dachte und tat. Aber es war wohl eine Tatsache, dass er das Papierstück, auf dem die Sohlen des Modells von Satsuko abgedruckt wurden, von dieser geschickt bekam. Am Ende ließ er aber keinen solchen Abdruck auf seinem Grabstein verewigen. Das Grab besteht heute aus zwei Steinen, die von den Bäumen »verschattet« werden. In sie wurde je ein Schriftzeichen inskribiert: Rechts *kū* (空, die Leere, Abb. 3) und links *jaku* (寂, die Stille in der Einsamkeit, Abb. 4). Wie bei der horizontal geschriebenen Kaligraphie der japanischen Schreibkunst ergeben die Zeichen von rechts nach links gelesen: *kūjaku* (»leer und still«). Diese Leseweise wird auch bei der Komposition dieser zwei Grabsteine angedeutet. Der rechte Grabstein ist größer, und der linke breiter, wodurch eine Linie von rechts oben nach links unten konstruiert wird. Sowohl die Schriftzeichen wie auch die Stellung der Grabsteine und ihre Auswahl müssen von Tanizaki selber gestammt haben.

Kū und *jaku* bilden in einer geläufigen Wendung das Wort *kūjaku*, die innerliche Seelenlage des Nirwana. Hätte aber Tanizaki wirklich ein solch spirituelles Ideal des Nirwana als sein letztes Ideal eingravieren lassen? War der Alte in seinem Roman, der auch nach seinem Tod von einer Frau mit Füßen betreten werden wollte, eine völlig andere Person als der Autor Tanizaki selbst? Wenn das der Fall sein sollte, so hätten das Leben und das Werk Tanizakis auseinander gelegen, was meines Erachtens kaum vorstellbar ist. Mir scheint ein Ausdruck seines eigentlichen Gedankens darin auffindbar zu sein, dass er sein Grab in zwei Stücke teilte und die genannten Schriftzeichen getrennt in je einen der beiden Steine eingravieren ließ. In diesem Fall kann das Zeichen *jaku* auch als *sabi* gelesen werden, wie es das in der japanischen Ästhetik zentrale Begriffspaar *wabi-sabi* bildet. Dieses Begriffspaar ist ein Ausdruck für die Welt des *shiki* (色), der »Farbe« als der sinnlich vernehmbaren »Erscheinungswelt«. Das *sabi* ist das Schöne, das in einem Gegensatz zum Schönen der prachtvoll strahlenden Welt der Phänomene steht und das dadurch zum Vorschein kommt, dass das Strahlen eher unterdrückt bzw. verdeckt wird. Das Schöne im Sinne des *sabi* kommt durch diese Verdeckung hindurch vom Innen der Dinge heraus zum Vorschein. Das entspricht dem Schönen des »Schattens« im Sinne Tanizakis. Der »Schatten« ist der Bereich des »Zwischen« zwischen Hell und Dunkel, in dem das sinnlich ästhetische Strahlen des Schönen unterdrückt, zurückgehalten und verinnerlicht wird. Es verweist einerseits auf die »Leere« *(kū)* als die Entleerung des Sinnlichen überhaupt, aber andererseits auch auf die nicht gäänzlich zu entleerende sinnliche Begierde, auf einen Ort, an dem sie aufbewahrt wird als etwas, an dem man heimlich hängen bleibt. Das *sabi* steht in Entsprechung zur und zugleich in Abkehr von der »Leere«. Dass Tanizaki sein Grab in zwei Steine einteilte und auf dem einen der zwei das zweideutige Zeichen *jaku/sabi* eingravieren ließ, scheint der letzte Ausdruck für seine Ästhetik des »Schattens« zu sein. Er wollte die in seinem alten Leib noch vorhandene sinnliche Begierde nicht einfach in der »Leere« sublimieren, sondern sogar nach dem Tode in sich bergen.

Auf *wabi* und *sabi* komme ich im neunten Kapitel in einem anderen Kontext nochmals zurück. Hier genüge nur der Hinweis darauf, dass am Grab Tanizakis ein »ästhetischer Nachschein« dieser überlieferten japanischen Ästhetik zu sehen ist.

8. Am Kanal entlang. Heihachirō Fukuda und Kansetsu Hashimoto in der Perspektive der »Ästhetik des Wassers«

Das Europäische und das Japanische im neuzeitlich ästhetischen Bewusstsein in Japan

Wenn man den Philosophenweg mit dem Geschichtsraum des neuzeitlichen Japans überlappen lässt, so nimmt die Zahl der Richtungen und der Einstiegsstellen zu diesem Raum auf einmal zu. Wenn aber wie im vorliegenden Buch das »Schöne« zum Leitfaden der Betrachtung gemacht wird, so taucht unter ihnen vor allem ein Thema als Schnittpunkt auf: Die kulturgeschichtliche Sachlage, in der es auf die Genese des »Europäischen« und des »Japanischen« sowie deren gegenseitige Durchdringung ankommt.

Weder die westliche noch die japanische Kultur ist eine substanziell festgelegte. Sie sind durch die geschichtlichen Verwandlungen hindurch gewachsen. Aber es ist auch nicht zu leugnen, dass einige konstanten Achsen diese Verwandlungen durchziehen, wie die geographische Lage, das Klima, die Sprache, einigermaßen auch das Volk, obwohl dieses sich genetisch durch Völkerwanderung, Grenzverschiebung und andere Einflüsse stark geändert haben kann. Diese Achsen existieren schon innerhalb der europäischen Welt nebeneinander, um aufeinander einzuwirken. In grober Gruppierung gibt es aber zwei Hauptachsen, die eine auf der westlichen Hälfte und die andere auf der östlichen Hälfte von Eurasien. Es ist ein Grundzug der Neuzeit, dass diese zwei Hauptachsen als Folge der Entwicklung der Verkehrsmittel begonnen haben, einander zu kreuzen und neue Ausdrucksformen zu finden. Die Kulturgeschichte der japanischen Moderne bildet sich in dieser Phase. Nur einen ganz kleinen Teil dieser Phase haben wir im vorigen Kapitel anhand der zwei Figuren Shūzō Kuki und Jun-ichirō Tanizaki erblickt.

Wir können dieses Thema ein Stück weiter verfolgen, solange es den Philosophenweg betrifft. Zwei Maler sind in diesem Zusammenhang heranzuziehen: Heihachirō Fukuda (1892–1974) und Kansetsu Hashimoto (1883–1945). Sie sind beide Zeitgenossen von Kuki und

Tanizaki und Maler der sogenannten »japanischen Malerei«. Fukuda wurde ebenfalls wie Kuki und Tanizaki im Friedhof des Tempels Hōnen-in begraben, und Hashimoto ist der Gründer der Villa »Hakusa-sonsō«, die am nördlichen Ende des Philosophenwegs liegt und später beschrieben werden soll.

Die »japanische Malerei« als ein Kunstgenre

Wenn diese zwei Maler der japanischen Malerei, Hashimoto und Fukuda, im Problemzusammenhang von Europäischem und Japanischem betrachtet werden sollen, ist noch zuvor zum etwas merkwürdigen Terminus der »japanischen Malerei« *(nihon-ga)* eine Bemerkung zu machen.

Ohne auf die fachliche Diskussion näher einzugehen, ist die Problematik dieses Begriffs leicht zu sehen. Im Fall der Wendung »die europäische Malerei« oder »die chinesische Malerei« handelt es sich nämlich um die Malerei, die in Europa oder in China entstand und überliefert ist. Aber beim Terminus »die japanische Malerei« handelt es sich nicht um das Ganze der in Japan entstandenen und entwickelten Malerei. Er bedeutet die Malerei, die nach der Meiji-Zeit in bewusster Differenzierung von der Malerei in Europa und als Bewahrung der traditionellen Malkunst in Japan betrieben wurde bzw. wird. Dementsprechend begann man, die ebenfalls merkwürdige Bezeichnung »die Maler der japanischen Malerei« *(nihonga-ka)* und die »Maler der europäischen Malerei« *(yōga-ka)* zu verwenden, wobei mit letzteren Japaner gemeint sind, die in derselben Zeit europäische Techniken verwendeten.

Allerdings könnte man, wenn man sich an das viel frühere Begriffspaar *kara-e* (»die in China überlieferte Malerei«) und *yamato-e* (»die in Japan überlieferte Malerei«) erinnert, das Begriffspaar »die europäische« und »die japanische« Malerei als die moderne Version des Begriffspaares *kara-e* und *yamato-e* auffassen. Die auch heute in der Architektur der Wohnhäuser verwendete Kontrastierung »der europäische Stil« *(yōfū)* und »der japanische Stil« *(wafū)* kann als die moderne Fortsetzung von *kara* und *yamato* verstanden werden.

Was bedeutet aber inhaltlich diese »japanische Malerei«? Ernest Francisco Fenollosa (1853–1908), ein nach Japan eingeladener Amerikaner, der an der neu gegründeten Kaiserlichen Universität Tokyo unter anderem Kunstgeschichte und Ästhetik unterrichten sollte, gab in seinem Vortrag *Bijutsu-shinsetsu* (»Die wahre These über die schöne Kunst«) einige Charakteristika der »japanischen Malerei« an: »kein Öl verwenden, keinem Schatten machen, mit hell-schwachen Farben und simpler Konstruktion darstellen«.

Allerdings können die Schiebetür-Malerei der Kanō-Schule in der Edo-Zeit oder die Bilder Jakuchū Itōs (1716–1800) nur schwer als Bilder »mit hell-schwachen Farben« bezeichnet werden. Fenollosas Beobachtung kann darum nicht verallgemeinert werden. Aber unter dieser Prämisse wird seine Charakterisierung »kein Öl verwenden, keine Schatten machen, mit hell-schwachen Farben und simpler Konstruktion darstellen« im Großen und Ganzen anerkannt werden. Zumindest gilt die Malerei von Fukuda als repräsentatives Beispiel dafür.

Der »Kanal« und die »Ästhetik des Wassers«

Wenn wir uns nun zwei repräsentativen Malern der »japanischen Malerei«, Kansetsu Hashimoto und Heihachirō Fukuda, zuwenden, so geht es hier nicht um eine kunsthistorische Betrachtung, sondern um die Skizze eines Anblicks des Philosophenwegs. Dabei hebt sich von selbst ein Gesichtspunkt heraus: Der »Kanal« an dieser Promenade und dessen »Ästhetik des Wassers«.

Dieser Kanal wurde 1890, knapp 20 Jahre nach dem Beginn der Meiji-Restauration, als der »Erste Kanal« gebaut, durch den das Wasser vom Biwa-See in der Nachbar-Präfektur Shiga nach Kyōto geleitet wird. Der zweite Kanal wurde 1912 vollendet. Der Kanal, der den Philosophenweg begleitet, ist ein Zweig-Kanal des ersten Kanals.

Beim gegenwärtigen Anblick des Kanals, in dem nur wenig Wasser ruhig den Spazierweg entlangfließt, kann man sich gar nicht vorstellen, dass es sich einst um dasjenige große Bauwerk handelte, von dem abhängig gemacht wurde, ob und wie die alte Hauptstadt Kyōto wieder zu aktivem Leben kommen kann, nachdem die Regierungshauptstadt nach Tōkyō versetzt wurde. Schon der Bau des Ersten Kanals kostete so viel Geld, dass es fast doppelt so viel war wie das damalige Jahresbudget der Stadt Kyōto. Im »Museum des Biwako-Kanals« am Tierpark Okazaki kann man die Dokumente des Baus sehen. Die Gesamtstrecke des Kanals ist circa 20 Kilometer, wobei zwischen der Shiga- und Kyōto-Präfektur neun Tunnel mit damals neuen Baumethoden gegraben, sechs Buchten für Schifffahrt und

Abb. 1: Gedenkstein zum Bau des Kanals

28 Brücken gebaut wurden. Mit dem Wasser des Kanals wurde das erste Kraftwerk in Japan betrieben und mit der dort produzierten Elektrizität wurde die erste Straßenbahn in Japan in Betrieb gesetzt. Die Industrien in Kyōto wie Weberei, Maschinenbau usw. konnten einen deutlichen Aufschwung nehmen. Da aber der gesamte Bau hauptsächlich mit Menschenkräften durchgeführt wurde, war die Arbeit vor allem beim Tunnelbau oft äußerst hart. Siebzehn Menschen starben bei Unfällen, durch Suizide, vor Übermüdung usw. Das Denkmal für die Seelen dieser Verstorbenen steht am Ausgangsort der Seilbahn vor dem Kraftwerk in Keage. Das Denkmal wurde von Sakurō Tanabe, dem Baudirektor des Kanals, gestiftet. Auf dem Monument ist ein von Tanabe selbst geschriebenes Wort inskribiert, das in der Übersetzung lauten kann: »Der eine Mensch stirbt für das Bauwerk, wodurch zehntausenden Häusern das Licht des Lebens beschieden wird« (Abb. 1). Die singuläre Form »Der eine Mensch« wurde wohl deshalb verwendet, weil das Trostwort an die einzelnen Individuen persönlich ausgesprochen werden sollte.

Der Direktor des gesamten Bauwerkes, Sakurō Tanabe (1861–1944), war ein frisch promovierter junger Mann. Aufgrund seines Aufsatzes »Ein Plan zum Bau des Biwako-Kanals«, dem der Preis »Telfort Premium« von der renommierten, englischen »Institution of Civil Engineers« verliehen wurde, wurde er beauftragt, diesen Plan auszuführen. Dass ein so großes Bauwerk, von dem die Zukunft der

Abb. 2: Aquädukt im Tempelgelände des Nanzen-ji

Stadt Kyōto abhing, einem jungen Mann von Mitte Zwanzig überlassen wurde, war ein Zeichen dafür, dass Japan selber damals jung und kühn war.

Tanabe zog diese Aufgabe durch. Er besichtigte das Wasserkraftwerk im Silberbergwerk Aspen in den Rocky Mountains und ließ den ursprünglichen Plan der Nutzung der Wasserenergie durch die überlieferte Wassermühle ändern zum Plan eines Wasserkraftwerks, das zur Modernisierung und Industrialisierung der Stadt Kyōto beitragen kann. Bei der Fertigstellungsfeier im April 1890 war er 28 Jahre alt. Der Meiji-Kaiser und die Kaiserin waren anwesend und am Vorabend wurden die Festzugs-Schreine, die sonst bei der Prozession anlässlich des weltbekannten Gion-Festivals getragen werden, am Festplatz ausgestellt. Außerdem wurde das in den Hang des Daimonji-Berges eingeschriebene Zeichen »Groß« nachts gezündet. Der Biwako-Kanal war ein Staatsprojekt von solchem Ausmaß.

Der Leser wird sich fragen, was der so zustande gekommene Kanal mit dem Thema des »Schönen« zu tun hat. Hier möchte ich auf den ästhetischen Sinn hinweisen, den Tanabe beim Aufbau des Zweig-Kanals zeigte. Er war vielleicht nicht die Idee von Tanabe allein, sondern die der Projektmannschaft. Jedenfalls wurde auf der Strecke, die durch die Tempelanlage des Nanzen-Tempels hindurchläuft, um nachher durch einen Tunnel hindurch zum Philosophenweg zu kommen, ein besonderes Gebäude gebaut: ein riesiges Aquädukt

Abb. 3: Wasserfluss im Aquädukt

aus roten Ziegelsteinen (Abb. 2). Man sieht an ihm die Kombination eines Gebäudes im europäischen Stil mit der alten buddhistischen Tempelanlage. So entstand eine ästhetische Fusion des »Europäischen« und des »Japanischen« inmitten des Bauwerks durch die Einführung der westlichen Technik in Japan.

Da das Wasser diese Strecke oben auf dem Aquädukt entlang und dann in den Tunnel hineinfließt (Abb. 3), ist es nicht von unten her zu sehen, aber man kann nach oben kommen, wenn man will. Der untere Teil des Aquädukts ist ein bei den Touristen und jungen Leuten beliebter Besichtigungsort (Abb. 4). Der ästhetische Sinn im Zweig-Kanal zeigt sich auch dort, wo der Kanal durch den Tunnel zur Gegend des Philosophenwegs, Shishigatani, herauskommt. Das Ufer des Kanals wurde dort nicht mit Beton, wie auf den anderen Strecken, d. h. nicht nur zum Zweck der bauphysikalischen Kanalfunktion, sondern mit traditioneller Steinkonstruktion gebaut. Dadurch verwandelte sich der bisherige, am Bergfuß entlanglaufende provinzielle Pfad zur sympathischen Promenade mit »Wasserlandschaft«.

In Japan wurde ein ästhetisches Bewusstsein überliefert, das die »Ästhetik des Wassers« genannt werden kann. Die Erfahrungen mit dem »Wasser« wurden in Japan oft »ästhetisch« gedeutet, während diejenigen in Europa eher »naturphilosophisch« und die in China eher »moralisch« verstanden wurden. Diese Tendenz drückt sich auch

Abb. 4: Junge Leute am Aquädukt

in sprachlichen Wendungen aus. Es ist wohl kaum wörtlich zu übersetzen, dass der Ausdruck *mizumizu-shii* (wörtlich: Wasser-Wasserweise) »frisch-schön« bedeutet, was auch gilt von dem Ausdruck *mizu-giwa-datta* (wörtlich: wie-am-Rand-der-Wasserfläche), d. h. »in bewundernswert schöner Weise«. Das Zeichen »Wasser« 水 ist ein (häufiger) Bestandteil der Bildung der Kanji-Zeichen. So wird das Schriftzeichen *kiyoi* 清 (»rein, sauber, klar«) aus dem Zeichen für »Wasser« 水 und »blau« 青 gebildet. Im Chinesischen wird dieses oft für moralische Wendungen verwendet, im Japanischen aber auch für ästhetische Bezeichnungen. Weiterhin kommt der Name eines architektonischen Stils des Dachs, *nagare-zukuri* (»Stil des Wasserfließens«), von der ästhetischen Assoziation mit dem Wasserfluss. Die Flüsse auf den japanischen Inseln sind im Vergleich mit den großen Flüssen des eurasischen Kontinents schmal und das Wasser fließt schnell, sodass das Wasser meist rein und klar ist.

Abb. 5: »Kräuseln« von Fukuda

Im Hinblick auf den ästhetischen Sinn, der im Klima der japanischen Inseln gepflegt wird, ist es verständlich, dass in der Malerei in Japan seit alters her der »Regen« bzw. das »Wasser« immer wieder zum Motiv gemacht wurde. In der europäischen Malerei wird zwar die See oder der Ozean oft dargestellt, nicht aber das Wasser als solches bzw. der Regen als solcher. Nur ganz selten findet man Beispiele wie bei van Gogh, aber im Ganzen ist dieses Motiv selten. Dieser Unterschied geht sicherlich auf unterschiedliche Erfahrungen mit dem »Wasser« in Japan und Europa zurück.

Das »Wasser« bei Heihachirō Fukuda

Beachten wir den Maler, dem die »Auszeichnung der Kultur« Japans *(bunka-kunshō)* verliehen wurde: Heihachirō Fukuda. Er wurde zwar in der Ōita-Präfektur geboren, aber seitdem er 1911 an der Städtischen Hochschule für Kunst Kyōto immatrikuliert wurde, wohnte er zunächst in der Nähe des Silber-Tempels, dann in Okazaki, in Shimogamo, nahe des Nanzen-Tempels usw. Alle Wohnorte befinden sich in der Nähe des Kanals, der heute mit dem Philosophenweg verbunden wird. In seiner Malerei wurde bekannterweise das »Wasser« zu einem

Abb. 6: »Der Regen« von Fukuda

Hauptmotiv. Seine Empfindsamkeit für das »Wasser« und seine Wohnumgebung waren sicherlich von vornherein miteinander verbunden.

Am Anfang stand Fukuda allerdings unter dem starken Einfluss der chinesischen Malerei namens »Blumen-Vögel-Bilder« *(kachō-ga)* aus der Song- und Yuan-Zeit. Ein Werk, das diese konventionelle Tendenz bei ihm selbst auf einmal durchbrochen hat, ist das 1932 entstandene »Kräuseln« (Abb. 5). Seitdem wiederholte sich in seinen Werken das Motiv »Wasser«, teilweise verbunden mit den verwandten Motiven »Karpfen« oder »Forelle« (vgl. Kap. 10, Abb. 12 und 13). In seinen Sechzigern entstand dann das Werk »Der Regen« (1953) (Abb. 6). Ich möchte diese zwei Werke Fukudas, »Regen« und »Kräuseln«, als zwei repräsentative Meisterwerke der »Ästhetik des Wassers« in der modernen japanischen Malerei betrachten.

In »Kräuseln« werden auf silbernem Grund kleine Wellen und deren Bewegungen mit der einzigen Farbe des Ultramarins dargestellt. Als ein Meisterwerk der Wellenbewegung denkt man zwar mit Recht an »Das Bild der roten und der weißen Pflaume« von Kōrin Ogata (1658–1716), das ohne Zweifel als das größte Werk der »Ästhetik des Wassers« in der japanischen Malerei gilt. Im »Kräuseln« drückt sich aber eine andere Welt aus als die von Kōrin. Um es mit einer bewusst etwas gewagten These zu sagen, öffnet sich bei Fukuda die Welt, in der das »Europäische« und das »Japanische« in einer gegenseitigen Durchdringung neuen Ausdruck finden. Diese zwei Elemente existieren, wie vorhin gesagt, nicht als feststehende und substantielle, sondern als sich in der Geschichte ständig verändernde und erneuernde Elemente. Es ist kein Wunder, dass diese zwei Elemente in der Kunst durch die gegenseitige Durchdringung neu gebildet werden.

Um ein Missverständnis im Voraus auszuschließen, ist festzustellen, dass Fukuda zwar nach China, nicht aber nach Europa oder in die USA gereist ist. Er studierte auch nicht eigens die europäische Malerei. Aber er war Mitglied einer Gesellschaft namens *Rikuchō-kai* (Gesellschaft von sechs Strömungen), die 1930 gegründet wurde und zehn Jahre lange existierte. Diese Gesellschaft war in dem Sinne einzigartig, dass sowohl Maler der »japanischen Malerei« wie auch der »europäischen Malerei« und auch Kunstkritiker sie mitbildeten. Dass und wie der Umgang mit den Mitgliedern dieser Gesellschaft für Fukuda anregend war, zeigt sich im Werk »Kräuseln«, das eben in der Zeit dieser Rikuchō-kai entstand.

Die Komposition, die auf silbernem Grund und dem einzigen Farbstoff Ultramarin die Wellen darstellt, enthält, wenn man so sagen will, das Element des modernen Formalismus. Es handelt sich bei Fukuda selbst freilich nicht um einen Vertreter der abstrakten Malerei. In der Darstellungsweise, den Augenblick der Fluktuation der Wellen und deren Spiel mit dem Licht zu malen, ist das Werk irgendwie mit dem »Impressionismus« verwandt. Die europäisch-moderne, helle Rationalität drückt sich darin aus. Aber das fundamentale Motiv ist nicht das Licht, sondern die japanische »Ästhetik des Wassers«. Alles zusammen gesehen ist das »Kräuseln«, obwohl das Werk durchaus japanisch ist, dennoch gewissermaßen den genannten europäischen Werken näher als dem Werk von Kōrin »Das Bild der roten und der weißen Pflaume«. Wenn die ästhetische Empfindsamkeit überhaupt auch einen geschichtlichen Aspekt hat, so befinden sich Fukuda und Kōrin innerhalb der »japanischen Malerei« auch in ihrer künstlerischen Empfindsamkeit in voneinander verschiedenen geschichtlichen Phasen.

Es ist der »Regen«, in dem der »Augenblick« der Fluktuationsbewegung der Wellen noch eindrucksvoller und frischer darstellt wird. Es handelt sich um ein Bild des Augenblicks, in dem die Regentropfen auf das Ziegeldach zu fallen beginnen. Der Formalismus in »Kräuseln« wird hier noch radikaler ausgedrückt, indem allein die Reihung der Ziegel dargestellt wird. Aber dennoch oder gerade deshalb werden die auf das Ziegeldach gefallenen Regentropfen und deren für einen Augenblick bleibenden Spuren auf dem Dach lebendig dargestellt. Diese Empfindsamkeit für die sozusagen dynamische und dennoch stille Bewegtheit des Wassers ist in der bisherigen traditionell japanischen Malerei nicht zu finden. Die überlieferte »Ästhetik des Wassers« kommt hier in einer neuen, wohl in der durch die japanische Moderne erst eröffneten Empfindsamkeit zum Ausdruck.

Das Wasser bei Kansetsu Hashimoto

Wenn die Betrachtung nur auf Werke der Malerei beschränkt werden soll, so ist das Motiv »Wasser« zumindest in den Hauptwerken Kansetsu Hashimotos nicht zu sehen. Allerdings finden sich in der Skizzensammlung »In den Süden fliegen« *(Minami wo kakeru)*, 1943, die er auf Einladung der Asahi-Zeitung auf der Reise nach Südasien (Manila, Java, Bangkok, Saigon, Guangdong) gemacht hat, einige Bilder, in denen Wasserlandschaften dargestellt werden. Aber offensichtlich sind diese Skizzen Nebenprodukte Kansetsus, und das dargestellte »Wasser« ist nicht das in Japan.

Kansetsu unternahm zwar außer dieser Südasienreise zwei Mal, mit 38 und 44, Reisen nach Europa, aber man findet keine besondere Spur davon, dass er die Charakteristika der europäischen Malerei in seine eigene künstlerische Tätigkeit aufgenommen hat. Er hatte eher eine nationalistische Neigung. In der Zeit vor und während des Pazifischen Kriegs produzierte er viele Werke, die zur Propaganda der Regierung und zur Demonstration nationaler Macht beitragen sollten.

In seiner Maltechnik war der Einfluss der »chinesischen Malerei der Süd-Schule« *(nanga)* deutlich. Er selber schien in späteren Jahren einen eigenen Stil in dieser Richtung zu entwickeln. Bei ihm sprach sich eher die traditionelle Fusion von *kara* (Chinesischem) und *yamato* (Japanischem) aus als die seit der Meiji-Zeit vorherrschende Kombination von »Europäischem« und »Japanischem«. Vielleicht war der Einfluss seines Vaters stark, der sich auf die »Chinesische

Klassik« *(kangaku)* spezialisiert hatte. Kansetsu selber hinterließ auch chinesisch geschriebene Gedichte *(kanshi)*.

Dabei sollte auch darauf geachtet werden, dass das »Kara«, das Chinesische, bei den Intellektuellen in der Meiji- und Taishō-Zeit ziemlich tiefe Wurzel geschlagen hatte. Jun-ichirō Tanizaki schrieb in seinem Essay *Jōzetsu-roku* (»Notizen des Geschwätzes«): »Es scheint zwar, dass wir Japaner die europäische Kultur einführten und sie uns aneigneten, aber ich bin erstaunt zu sehen, dass in unserem Herzen der chinesische Geschmack in überraschender Weise tiefe Wurzel geschlagen hat.«

Allerdings ist die Aussage Tanizakis wiederum als eine Äußerung des Bildungsbewusstseins in der Meiji-Zeit bis zur ersten Hälfte der Shōwa-Zeit anzusehen und es ist zu fragen, ob der von ihm bemerkte chinesische Geschmack heute noch »tiefe Wurzeln« bei den Japanern schlägt. Aber dies ändert nichts daran, dass der »chinesische Geschmack« bei Kansetsu nicht derselbe ist wie der bisherige, der einst ohne die Kenntnisnahme des Europäischen überliefert worden war. Er hat sich wohl bewusst von der Strömung der Europäisierung der japanischen Kultur distanziert, um seine Position im Schema »Chinesisches und Japanisches« beizubehalten. Dieses Schema kann dann bei ihm als die Kehrseite des Schemas »Europäisches und Japanisches« angesehen werden.

In Zusammenhang mit dem Gesagten steht, dass Kansetsu ein Genie mit starkem Unabhängigkeitssinn war. Er war im Alter von zwanzig in die Gruppe *Chikujō-kai* (»Gruppe des Bambus-Stocks«) eingetreten, aber im Alter von vierzig ausgetreten, womit er mit Seihō Takeuchi (1864–1942), dem Gründer dieser Gruppe, brach. Takeuchi war der »Kaiser« in der Malerwelt in Kyōto vor dem Pazifischen Krieg und der erste Preisträger des »Ordens der Kultur«. Es muss im praktischen Leben gar nicht leicht gewesen sein, als Maler mit diesem allmächtigen Mann in der Malerei zu brechen. So lebte Kansetsu in Distanz von der Malerwelt, indem er sich seine Galerie-Villa *Hakusa-sonsō* am nördlichen Ende des Philosophenwegs baute und sich auf die Malerei konzentrierte.

Ob und in welcher Weise kommt nun bei Kansetsu die japanische »Empfindsamkeit für das Wasser« zum Ausdruck, und in welchem Zusammenhang steht sie mit dem Philosophenweg? Mir scheint, dass sie in einer allgemeineren Weise als in seiner Malerei zu finden ist. Auf der nördlichen Seite der Villa Hakusa-sonsō, getrennt durch die Straße, fließt der Zweigkanal des Philosophenwegs,

Abb. 7: Gedichtmonument Kansetsus

auf dessen Ufer ein Gedicht-Monument steht. Auf ihm ist ein von Kansetsu verfasstes und geschriebenes Gedicht inskribiert (Abb. 7), das sinngemäß wie folgt lautet:

»Fünffarbige Wolken hängen herunter auf das Wasser und überqueren den Kanal / Der vom plätschernden Flusswasser begleitete Frühling umgibt mein Haus / Der Morgentraum verlockt mich, den einsamen Siedler / Wind und Regen scheiden nie von den Kirschblüten.«

Der Ausdruck »das Flusswasser umgibt das Haus« ist die Beschreibung des Ortes, wo das Haus von Kansetsu steht. Der Zweig-Kanal fließt zunächst auf der Ostseite der Villa Hakusa-sonsō von Süd nach Nord und biegt dann im rechten Winkel ab, um auf der Nordseite der Villa entlang nach Westen zu fließen. Das Gedicht beschreibt diese Position. Übrigens steht hinter dem Ausdruck »der Morgentraum

Abb. 8: Sonko-rō im Hakusa-sonsō

verlockt mich« das Faktum, dass die circa 400 Kirschbäume auf dem Philosophenweg von Kansetsu gespendet wurden und er für sie gesorgt hatte. Er muss sich weiterhin bewusst gewesen sein, dass die Kirschblüte am Wasser eine feinsinnige Szene der »Ästhetik des Wassers« ist.

Die Empfindsamkeit von Kansetsu für das »Wasser« zeigt sich nicht nur im Umfeld der Villa Hakusa-sonsō, sondern auch in ihrem Inneren, am »Teich« in dieser Villa. In Kyōto gibt es unzählige meisterhaft gebaute Teiche. Es gibt aber beim Teich der Villa Hakusa-sonsō eines, das nicht in anderen sehenswürdigen Teichen in Kyōto zu finden ist: In der Nacht vom 16. August spiegelt sich das für die Verabschiedung der Totenseele auf dem Berghang des Daimonji gezündete Zeichen »Groß« in diesem Teich. Dieser Blick wird heute wegen der groß gewachsenen Bäume auf der Ostseite des Teichs gestört. Da man aber durch diese Bäume hindurch den Berg »Daimonji« erblicken kann, kann man sich mit Hilfe der Einbildungskraft vorstellen, wie es ursprünglich nachts am 16. August dort war.

An diesem Teich steht die Arbeitsstätte von Kansetu, genannt: *Sonko-rō* (»Gebäude für die Aufbewahrung des Alten«, Abb. 8). In einer Zeit, in der alles europäisiert zu werden schien, entschloss sich Kansetsu, das »Alte« aufzubewahren. Es mag sein, dass die Totenseelen, die mit dem im Teichwasser sich spiegelnden Feuer-Zeichen »Groß« verabschiedet werden, um nächstes Jahr wieder empfangen zu werden, für Kansetsu die Seelen des »Alten« bedeuteten.

Dass die alte und zugleich immer neue »Ästhetik des Wassers« zum Philosophenweg hinführt, scheint anzudeuten, was sein Wesentliches ausmacht: Er ist nicht nur ein Weg des Umherwandelns der lebenden Spaziergänger, sondern auch der umherwandelnden Seelen der Toten. Alljährlich kommen sie heim, um mit dem Feuer des Daimonji-Berges wieder fortgeschickt zu werden. Jenes Feuer spiegelt sich im Wasser des Teiches der Villa Hakusa-sonsō.

9. Tenkō Nishida und die Bewegung von »Ittōen«. Eine andere Idee des Schönen

»Ittōen« in Shishigatani

Auf einem Seitenweg des Philosophenweges, nahe seinem südlichen Ende, steht der »Reikan-Tempel«. Wie im 5. Kapitel dargestellt, hatte die Königin Sōjun in diesem Tempel die Stelle der höchsten Priesterin inne, da dieser Tempel »der Tempel mit der höchsten Priesterin aus der Kaiserfamilie« (jap. *monzeki-ji*) war. Im Frühling als Saison der Kamelie und im Herbst als Saison der Ahornblätter wird der Tempel öffentlich zugänglich gemacht. Im Garten stehen viele Kamelien, darunter auch einige, die als besonders sehenswürdig bekannt sind.

Auf der anderen Seite der Straße gegenüber der Südseite dieses Tempels steht das Gebäude »Notre Dame Mädchenschule Junior & Senior«, die dem in der ganzen Welt verbreiteten Netzwerk »School Sisters of Notre Dame« gehört. Es ist zu bemerken, dass auf dem Philosophenweg nicht nur die buddhistischen Tempel und die Shintō-Schreine, sondern auch eine christliche Missionsschule steht. Die Umgebung des Philosophenwegs wird von religiöser Spiritualität geprägt, was auch mit dem zu tun hat, was im Folgenden erzählt wird.

Der Zwischenraum zwischen dem Reikan-Tempel und der Notre Dame Mädchenschule ist eine schmale Straße, und der Eingang zu dieser Schule ist ein Parkplatz, der meistens leer steht. Jedes Mal, wenn ich vor diesem leeren Raum stehe, entsteht in mir eine etwas chaotische Imagination, diejenige eines Gebäudes, das vor circa einem Jahrhundert, 1913, hier gebaut wurde und bis vor gut 80 Jahren, d. h. bis 1936, existiert hat. Da ich vor 80 Jahren noch nicht auf die Welt gekommen war, ist die Imagination in meinem Kopf nichts anderes als eine Illusion.

Aber es ist auch keine Illusion im Sinne einer rein grundlosen Phantasie. Das Gebäude wurde vor achtzig Jahren an einen anderen Ort versetzt und existiert heute noch dort. Weiterhin habe ich zeitweise in diesem Gebäude gewohnt. Die Vergangenheit vor meiner

Abb. 1: Anlegeplatz am Kanal in Yamashina

Geburt sowie meine längst vergangene Jugendzeit werden von mir auf diesen leeren Platz als eine virtuelle Realität projiziert.

Der Ort, an den das Gebäude versetzt wurde, liegt in der unmittelbaren Nähe zu dem »Kanal in Yamashina«, der stromaufwärts vom Kanal in Keage fließt (Abb. 1). Ein altes Bild zeigt den Anlegeplatz für die Bootsfahrt, der heute am anderen Ufer liegt. Da der Kanal wie gesagt 1890 eröffnet wurde, kann der Anblick mehr als 120 Jahre alt sein. Am Anlegeplatz in Form eines kleinen Sees konnten die Kinder, als ich Schulbub war, im heißen Sommer schwimmen.

Wenn man über die auf dem Foto im Hintergrund zu erkennende Brücke nach links geht, kommt man zum Dorf eines religiösen Stifts namens *Ittōen* (wörtlich »Garten des Lichts der einen Lampe«). Das Gebäude, das am Philosophenweg in Shishigatani stand, wurde vor achtzig Jahren in dieses Dorf versetzt. Der Kanal aus dem Biwa-See, der am Philosophenweg entlangfließt, geht stromaufwärts auch am Dorf des Yamashina-Ittōen vorbei, so dass das Dorf mit dem Boot, das im Frühling 2018 nach langjähriger Unterbrechung wieder in seine Fahrt aufnahm, vom Endpunkt des Hauptkanals in Keage aus in

Abb. 2: Einstiges Gebäude in Shishigatani

Abb. 3: Heutiges Gebäude

knapp einer halben Stunde zu erreichen ist. Der Philosophenweg und Ittōen stehen im Verhältnis von stromabwärts und stromaufwärts.

Zwei Fotos zeigen das einstige Gebäude in Shishigatani, in dem die Mitglieder des religiösen Stifts »Shishigatani-Ittōen« gewohnt hatten (Abb. 2), sowie das älteste Gebäude im Stift namens »Yamashina-Ittōen« (Abb. 3). In diesem Gebäude findet sich eine Halle, die am Muster der Übungshalle der Mönche im Zen-Tempel gebaut wurde. In dieser Halle machen die Mönche am Tag die Sitzübung und in der Nacht legen sie ihre Decken aus, um dort zu schlafen.

Ich wurde in diesem religiösen Stift geboren und aufgezogen, besuchte hier die Grundschule, Mittelschule und Oberschule und während meiner Oberschulzeit schlief ich in dieser Halle. Im Dorf des Stifts, in dem einst circa 350 Menschen, geleitet von Tenkō, lebten, tragen alle Gebäude einen Namen und das eben erwähnte Gebäude wird »Ittōen« genannt. Da das religiöse Stift ebenfalls »Ittōen« heißt, mag die folgende Darstellung etwas verwirrend sein. Ich muss jedes Mal klarstellen, ob der Name »Ittōen« das Gebäude oder das Stift nennt.

Auf dem Balkon des Gebäudes (Abb. 2) stehen zwei Menschen. Der eine ist Tenkō Nishida (1872–1968), der Gründer des Stiftes Ittōen, und der andere seine Frau Katsu (1877–1955), die sich später in Shōgetsu umbenannt hat. Tenkō erlebte 1937 eine spirituelle Erfahrung des Erwachens und begann, ähnlich wie der hl. Franziskus (circa 1182–1226), das Leben eines »Habenichts« zu führen. Der hl. Franziskus gab alles Privateigentum auf, um in der Weise der *imitatio Christi* mit reinem christlichen Glauben zu leben. Die Leute, die ihm folgten, versammelten sich, um allmählich den Orden der Franziskaner (OFM, »Ordo Fratrum Minorum«) zu bilden, neben dem Dominikanerorden lange Zeit der größte christliche Orden.

Das religiöse Stift Ittōen hatte keinen bestimmten »Gott«, an den man glaubt, aber den Gedanken, dem zufolge sowohl der christliche Gott wie auch der buddhistische »Buddha« als dasselbe göttliche Wesen aufgefasst und verehrt wurde, was ein ziemlich typischer Ausdruck der religiösen Gesinnung der Japaner ist. Das Stift entwickelte sich zwar nicht zu einer Weltorganisation wie der Franziskanerorden, aber die Leute, die Tenkō folgten, bildeten in verschiedenen Gegenden in Japan Gruppen namens Ittōen, denen zusätzlich oft der Name der jeweiligen Gegend gegeben wurde. Auch in der Mandschurei auf dem chinesischen Kontinent entstand ein großer Zweig des Stifts »Mandschurei-Ittōen«, der bis zum Ende des Pazifischen Kriegs existierte. Aber die Basis der Ittōen-Bewegung war in Shishigatani. Allerdings wurde diese Basis 1935 zum größeren Grundstück in Yamashina versetzt, sodass dort Yamashina-Ittōen entstand. Das Gebäude in Shishigtani wurde ebenfalls versetzt. Es steht als das älteste Gebäude im Stift Ittōen. Dass es ehedem im Zwischenraum zwischen dem buddhistischen Reikan-Tempel und der christlichen Missionsschule »School Sisters of Notre Dame« stand, passt eigentlich zu dem Gedanken des Stifts, obwohl die letztere erst 1948, nach dem Ende des Zweiten Weltkrieges, gegründet wurde.

Shishigatani-Ittōen wurde rege besucht. Unter den vielen Be-

Abb. 4: Alexandra Tolstoia am Kanal

suchern war auch Hyakuzō Kurata (1891–1943), der in dieses Stift eintrat und danach ein Drama namens *»Der Priester und sein Schüler«* (jap. 1916) schrieb. In diesem Drama wurde Tenkō zum Modell der Hauptfigur Shinran, der im zwölften Jahrhundert die Jōdoshin-Schule des Buddhismus gegründet hat. Das Werk wurde zum Bestseller, wodurch der Name Tenkō und die Ittōen-Bewegung weithin bekannt wurden. Der Bestseller von Tenkō selbst, *»Das Leben der Buße«* (jap: *Zange no seikatsu*), entstand 1923 und wird bis heute weiter gedruckt. Die englische Übersetzung des Buchs wurde von meinem Vater in Zusammenarbeit mit einer Amerikanerin gemacht und erschien 1969 beim englischen Verlag George Allen & Unwin unter dem Titel »A New Road to Ancient Truth«.

Auch nachdem der Hauptsitz des Stiftes nach Yamashina versetzt worden war, kamen viele Leute zu Besuch, darunter auch die Tochter von Tolstoi, Alexandra Tolstoia, die dem politischen System der Sowjetunion abgeneigt war und für anderthalb Jahre Zuflucht in Japan nahm, bevor sie in die USA emigrierte. Ein altes und brüchiges Foto von ihr, die gerade auf das Boot im Kanal einsteigen will, wird im Museum von Ittōen aufbewahrt. Zwar ist das Bild von schlechter Qualität, so dass ihr Gesicht nur vage zu erkennen ist, doch als ein Dokument der damaligen Bootsfahrt auf dem Kanal soll es hier gezeigt werden (Abb. 4).

Ich verließ dieses Dorf, als ich das Studium der Philosophie an der Universität Kyōto abgeschlossen hatte. Aber es soll hier nicht weiter auf meine persönliche Geschichte eingegangen werden. Es kommt darauf an, zum »Philosophenweg« zurückzukommen.

In seinem Tagebuch schreibt Kitarō Nishida am 16. März 1919: »Herr Tenkō Nishida kam zu Besuch.« Damals hatte Nishida in der Gegend gewohnt, von der aus man Shishigatani zu Fuß in einer Stunde erreichten konnte. Im November 1922 besuchte umgekehrt Kitarō das Stift Shishigatani-Ittōen, um dort einen Vortrag unter dem Titel »*Die Mystik von Eckhart und Ittōen*« zu halten. Er hielt generell nicht viele Vorträge, sodass gesagt werden kann, dass sein Vortrag auf die gute Verbindung zwischen Kitarō und Tenkō hinweist.

Aber der Vortrag war offensichtlich für die Mitglieder des Ittōen-Stiftes zu schwierig. In der Zeitschrift des Stifts *Hikari* (»Das Licht«) wurde der Vortrag abgedruckt, wobei der Name des Vortragenden nicht angegeben wurde. Es hieß nur: »Der Vortrag eines Bachelors für Literatur«.

Dass der Vortrag Kitarō Nishidas nicht das richtige Publikum hatte, ist das eine, und was Nishida in Wirklichkeit gesprochen hat, ist das andere. Zu Beginn sprach er: »Ittōen, soweit ich es verstehe, hat in einigen Punkten Gemeinsamkeiten mit der abendländischen Philosophie und da diese Gemeinsamkeiten eventuell als philosophische Basis der Richtlinie von Ittōen dienen könnten, möchte ich über sie einiges sagen.« Nishida sah den der Ittōen nahen Geist innerhalb der europäischen Geistesgeschichte nicht in erster Linie im heiligen Franziskus, sondern im Mystiker Meister Eckhart.

Die Gemeinsamkeit, die er zwischen der Mystik Eckharts und dem Leben in Ittōen sah, war nicht das mystische Erlebnis einer *unio mystica*, sondern lag in der praktischen Lebensweise. Nishida sagt: »Dazu soll man alles aufgeben, nicht nur die materiellen Dinge des Eigentums, sondern auch alle Kenntnisse und alles, was man besitzt. Als reiner Habenichts soll man zum Ursprung des Weges zurückkommen. Dies ist die Konsequenz aus der Idee Gottes, die von Plotin bis Eckhart beibehalten wurde.«

Das Wort »Habenichts« war das Schlüsselwort Tenkō Nishidas. Kitarō Nishida muss bewusst dieses Wort verwendet haben, um die Mystik Eckharts und die Lebensweise Tenkōs auf die Idee des »Habenichts« zurückzuführen. Kitarō Nishida selber war ein Philosoph, für

Abb. 5: Kawai-Keramik

den es in seinem Denken um das »absolute Nichts« ging. Diese geistige Verwandtschaft zwischen den beiden Nishidas wurde von einigen Schülern Nishidas wie Shin-ichi Hisamatsu und Keiji Nishitani weiter übernommen. Hisamatsu hielt bei der Todesfeier für Tenkō die Trauerrede und auf Vorschlag Nishitanis wurde ein Museum für Tenkō gebaut.

Um die Verbindung zwischen Ittōen und dem Philosophenweg zu erkennen, ist noch ein Blick auf die Beziehung zwischen dem spirituell-asketischen Leben Tenkōs und dessen »Kunst« bzw. deren Schönheit zu werfen.

Die Ittōen-Bewegung und die Volkshandwerk-Bewegung

Es gab viele Philosophen, Buddhisten, Schriftsteller, Schauspieler und Künstler, die der Ansicht Tenkōs zustimmten und diesen besuchten. Hier sei aber darauf verzichtet, alle ihre Namen anzugeben. Nur einen möchte ich erwähnen: Kanjirō Kawai (1890–1960), der in der »Volkshandwerk-Bewegung« (jap.: *Mingei-undō*) wirkte. Die Vorläufer dieser Bewegung sind William Morris (1834–1896), der die »Arts-and-Crafts«-Bewegung gründete, und Bernard Howell Leach (1887–1979), der mit den Handwerk-Künstlern in Japan Umgang pflegte. Im Jahre 1926 wurde »Die Erklärung der Gründung des Museums für die japanische Handwerkskunst« veröffentlicht. Es wurde behauptet, dass die »Gebrauchsdinge im Alltag« in diesem Museum gesammelt werden sollen. »Unsere Wahl zielt durchaus auf das Schöne. Wir sammeln nur die Dinge, die nach unserer Auffassung am natürlichsten und ganz gesund, somit von Lebendigkeit erfüllt sind. Wir bezweifeln nicht, dass eben in solcher Welt das Wesen des Schönen liegt.«

Diese »Erklärung« wurde von vier Künstlern unterzeichnet: Kenkichi Tomimoto, Kanjirō Kawai, Shōji Hamada, Muneyoshi Yanagi. Der zweitgenannte Künstler, Kawai, hatte Sympathie mit der Ittōen-Bewegung und wurde ein enger Verbündeter Tenkōs. Er hielt zusammen mit Tenkō Vorträge und viele seiner Werke werden im Ittōen-Museum »Kōsō-in« gesammelt (Abb. 5).

Das ästhetische Bewusstsein für die »Gebrauchsdinge im Alltag« wird in der Forschung der Kunst- und Designgeschichte meistens auf die Arts-and-Crafts-Bewegung bezogen und im Kontext ihrer Wirkungsgeschichte besprochen. Das ist zwar historisch richtig. Nur darf dabei nicht vergessen werden, dass die ästhetische Empfindung der »Volkshandwerk-Bewegung« über diesen unmittelbar historischen Kontext hinaus in ihrer Tiefenschicht auch auf die in Japan überlieferte ästhetische Empfindung bezogen werden kann, die sich in den Begriffen *wabi* (wörtlich: »die Öde«) und *sabi* (wörtlich: »die Einsamkeit«) ausdrückt. Wörtliche Übersetzung des ersteren, seinem Inhalt nach kaum übersetzbaren Begriffs, wäre »die öde Einsamkeit«, die des letzteren Begriffs »die Einsamkeit in der Verlassenheit«. Dieser letztere wird onomatopoetisch oft mit »Rost« assoziiert, weil das Wort für Rost ebenfalls »sabi« lautet und weil, was gerostet ist, oft ein in einsamer Verlassenheit Liegendes ist. Wie solch extrem negative Ausdrücke wie »wabi« und »sabi« in positive Ausdrücke für das »Schöne« umschlagen konnten, ist ein Geheimnis der japanischen Ästhetik, dessen begriffliche Erläuterung zwar nicht unmöglich, aber umständlich ist. Eine eher empirische Annäherung anhand konkreter Beispiele wäre der kürzere Weg. Ein Ansatzpunkt hierfür ist das »Berührungsgefühl.«

Sowohl die Werke der Volkshandwerk-Bewegung wie auch die Dinge, die den Geschmack von *wabi* und *sabi* ausdrücken, sind *Gebrauchsdinge im Alltagsleben*, die immer mit der Hand berührt werden. Das »Berührungsgefühl« (jap: *tezawari*, wörtlich: »Gefühl der Berührung mit der Hand«) gilt als das Hauptelement einer sonst optisch orientierten Schönheitsempfindung. Ein exemplarisches Beispiel von *wabi* und *sabi* ist in der Abbildung einer Teeschale zu sehen

Abb. 6: Teeschale

(Abb. 6), die in der Momoyama-Zeit entstand, als der Teeweg etabliert wurde.

Es wurde im siebten Kapitel dargestellt, dass Kuki im Gespräch mit Heidegger das Schöne mit Hilfe der hegelschen Ästhetik als das Durchscheinen des Übersinnlichen durch das Sinnliche erklärt haben soll; sowie dass *wabi* und *sabi* fordern, diese Bestimmung des Schönen von Grund auf zu ändern. Schon darin, dass sie den »Tastsinn« zu einer unentbehrlichen Sinn-Empfindung machen, zeigt sich, dass sie eine andere Empfindungsweise fordern. Das *wabi* ist das Phänomen eines Dinges, das sich zunächst in einer *wabi-shii,* d. h. einsam-dunklen, gleichwohl aber glanzvollen Lage befindet. Das *sabi* ist ebenfalls das Aussehen eines Dinges, das *sabi-shii,* d. h. verlassen-einsam aussieht. Der Ort, an dem es sich findet, muss auch etwas dunkel sein, wenigstens nicht grell-hell. Der Glanz der optischen Schönheit wird hier niedergehalten und das »Berührungsgefühl« tritt in den Vordergrund, sodass man sozusagen *im Gesichtssinn den Tastsinn sich aktivieren* lässt. Dort ist der Gesichtssinn nicht mehr der gegenständlich beobachtende, sondern das in den Gebrauchszusammenhang einbezogene, tastend sehende Organ. Das dort gefühlte Schöne ist nicht das »optisch Schöne« des distanziert stehenden Gegenstandes, sondern das in der Berührung mit der Hand – auch wenn diese nur in die optische Ebene eingebildet wird – *direkt fühlend-gefühlte »tätige Schöne«*. Was einst der Gründer des Noh-Spiels Zeami (1363?–1443?) in seiner Schrift *Fūshi-kaden* sagte, dass »was versteckt bleibt, als schön erscheint« (vgl. das Kapitel *Besshi kuden* 別紙口伝), wird auch hier an *wabi* und *sabi* wieder bestätigt.

Um hier beiläufig an die »Objekte« im Dadaismus oder Surrealismus zum Vergleich zu denken, so werden zwar auch dort abgenutzte bzw. verworfene Gebrauchsdinge zu Werken stilisiert und die Berührung der Werke mit der Hand oft als dem Werk-Sein zugehörig gedacht. Aber diese Objekte sind letztlich doch zur Schau ausgestellte Kunstdinge und nicht tatsächlich im Alltag zu nutzende Gebrauchsdinge. Die Werke bzw. Dinge von *wabi* und *sabi* dagegen sind prinzipiell wirklich Gebrauchsdinge im Alltag, aus denen indirekt der »durch den Schatten gedeckte Glanz« strahlt. Die Werke von Kanjirō Kawai sind zwar nicht völlig vom Charakter *wabi* und *sabi*, sondern eher in der Richtung des sogenannten *kirei-sabi* (»sauber-hübsches ›sabi‹« oder »helles sabi«), aber dennoch sind sie zum alltäglichen Gebrauch hergestellt. In ihnen ist der »Nachglanz« von *wabi* und *sabi* zu erblicken.

Ein Ort auf dem Philosophenweg, an dem man diese Eigenart von *wabi* und *sabi* spüren kann, wäre in erster Linie die Stube Dōjinsai. Im Tee-Haus »Keijaku-an« (»die Klause der Ruhe in *jaku*«, 憩寂庵) in der Villa Hakusa-sonsō könnte man ebenfalls einen Nachgeschmack dieses *wabi* und *sabi* spüren, was mit dem Zeichen *jaku* (寂) im Namen der Klause angedeutet wird, welches dasselbe Schriftzeichen wie für *sabi* ist.

Es ist nicht schwer zu verstehen, warum Kawai in der Suche nach solcher Art Schönem mit Tenkō Nishida sympathisierte. Denn Tenkō schreibt im »*Leben der Buße*« wie folgt:

»Wenn ein bekannter Künstler wie (William) Morris von der ›Arbeit als Kunst‹ redet, so beginnen viele Leute in verschiedenen Büchern laut herum zu reden, dass mit dem Wort von Morris ganz Wichtiges verraten sei. Ich habe in diese Bücher hineingeschaut und gesehen, dass alles dort Geschriebene schon im Ittōen-Leben enthalten ist, indem wir die von den Leuten beauftragten Arbeiten ohne Entgelt tun.«

Bei Tenkō selbst oder im Stift Ittōen trat die »Religion« in den Vordergrund und es entstand keine »schöne Kunst«. Tenkō sagt im »Leben der Buße« weiter wie folgt:

»Wenn ich ein Bild von Giotto sehe, verehre ich es. Aber ich verehre die Seele Giottos noch mehr, der ein solches Bild malen kann. Ich beuge mich vor dem Bild von Millet. Aber wenn ich seinen Lebenslauf höre, fühle ich

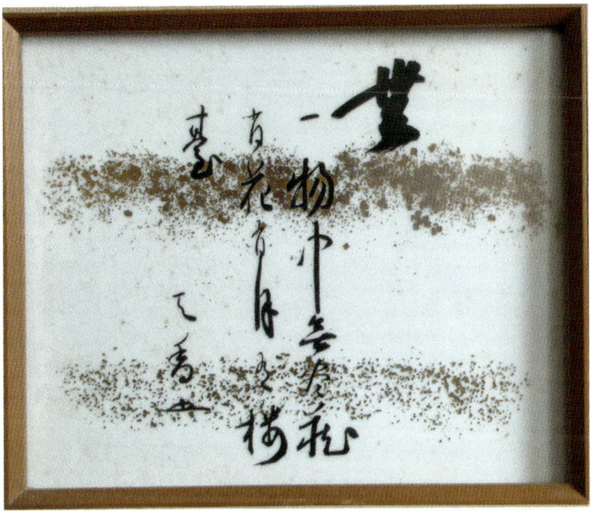

Abb. 7: Kalligraphie Tenkōs

mich ihm beinahe weinend nahe. Ich schätze die Wirkung der Persönlichkeit dieser beiden mehr als die Wirkung ihrer Bilder auf die Menschheit.«

Der Nachschein des Tee-Wegs von Rikyū in »Djōhan-ryō«

Zwar war Tenkō kein Künstler, aber er war ein Mann von künstlerischer Empfindsamkeit. Der Anblick eines Bildes von Jean-François Millet, einem französischen Realisten, der sein Werk dem Leben der einfachen Leute widmete, bewegte ihn so sehr, dass er beinahe weinte. Kein Wunder, dass seine künstlerische Empfindsamkeit in der Tusche-Kalligraphie zum Ausdruck kam. Was er oft mit Hingabe kalligraphierte, war der zen-buddhistische Spruch: »Inmitten des Nichts-Habens gibt es Blüten (zu bewundern), den Mond (zu besehen) und den Pavillon-Palast (von wo aus die Blüte und der Mond zu sehen sind).« (「無一物中無尽蔵 有花有月有楼台」) Die Abbildung eines solchen kalligraphischen Werkes zeigt das künstlerische Niveau seiner Kalligraphie. (Abb. 7) Allerdings ist noch zu erklären, inwieweit die künstlerische Sinnlichkeit von Tenkō mit dem Philosophenweg zu tun hat.

Zuerst ist auf ein simples und einfaches Häuschen im hinteren

Abb. 8: Gebäude im hinteren Dorf Ittōen

Teil des Dorfs Ittōen aufmerksam zu machen, das sich vom Gebäude Ittōen aus gesehen an einem entfernteren Pfad erhebt (Abb. 8). Auch dieses wurde aus einem anderen Ort vor 90 Jahren hierher versetzt. Es wurde zuerst 1924 von einem Anhänger Tenkōs in der Stadt Kyōto als Wohnhaus für Tenkō und seine Frau gebaut. Im Stift Ittōen haben die Mitglieder kein Privateigentum und sie sollen oft ihr Wohnhaus bzw. ihren Wohnraum wechseln. Auch meine dreiköpfige Familie (nach der Heirat meiner Schwester war meine Familie dreiköpfig) wohnte zeitweise in diesem Häuschen, sodass dieses Gebäude für mich kein von außen her zu betrachtendes Monument ist, sondern mit der Erinnerung an mein damaliges Leben verbunden bleibt.

Das Häuschen wird »Djōhan-ryō« genannt. Das Wort *djō* bezeichnet die Größe eines Stücks Tatami. Der Ausdruck kommt vom Spruch der Zen-Halle im zen-buddhistischen Kloster, der lautet: »Am Tag eine halbe *djō* Tatami, und nachts eine *djō* Tatami«. Die Mönche legen ihr Kissen am Tag auf einen ihnen zugewiesenen Platz mit Tatami, um darauf die Sitzübung zu machen, und nachts entfalten sie dort ihre Bettdecke, um sich darauf hinzulegen. Für ihr alltägliches Leben am Tag genügt also eine halbe Tatami und nachts eine Tatami.

Das Häuschen Djōhan-ryō ist in zwei Räume eingeteilt. Der von der Vorderseite gesehen linke Raum ist ein einfacher Wohnraum und im rechten Raum ist ein »Tee-Ofen« eingebaut. An der hinteren Wand ist ein kleines Fenster, das an den »Kriech-Eingang« (jap. *niji-*

Abb. 9: Im Inneren des Gebäudes Djōhan-ryō

riguchi, der Eingang, durch den jeder Gast sich niedrig machend, d. h. kriechend, hineintritt) japanischer Teehäuser erinnert. Zwar sind die Baumaterialien einfach, aber der Form nach ist dieser Raum ein Teeraum. Da in diesem Raum auch ein »Stufen-Regal« (jap.: *chigaidana* mit der Kombination der Bretter in Stufen) eingesetzt wurde, ist der Raum dem Stil nach ein »Stuben-Raum« (jap.: *shoin-zukuri*). Das Stufen-Regal ist der Platz, wo man gesteckte Blumen präsentieren kann, z. B. einige Halme Pampasgras (Abb. 9). Tenkō ließ, indem er das Leben eines Habenichts führte, dieses für ihn gespendete Häuschen im Stil des Teezeremonie-Hauses ausbauen. Er hat vielleicht ab und zu eine Blume vom Wegesrand hier in die Vase gesteckt.

Der Gründer des Teewegs, Rikyū (1522–1599), schrieb in seiner Schrift *Nampō-roku:* »Es genüge (für den Teeweg) ein Häuschen, das nur so weit gediegen zu sein braucht, dass kein Regen durch das Dach sickert, und das Essen braucht nur so viel zu sein, dass man nicht verhungert. Dies ist die Lehre Buddhas und der wahre Sinn des Teewegs«. Zwar gibt es in Kyōto viele bekannte Teezeremonie-Häuser, in denen der äußeren Form nach die Einfachheit zum Kriterium gemacht wird. Aber sie sind immer mit kostspieligen Baumaterialien von bester Qualität gebaut und reich geschmückt. Das Teezeremonie-Haus, das nur so weit gediegen gemacht wird, dass »kein Regen durch das Dach sickert«, ist aber ganz selten. Das Gebäude Djōhan-ryō ist eines der seltenen Beispiele dafür.

Abb. 10: Myōki-an von außen

Rikyū selbst hat ein seltenes Beispiel dafür gebaut. Es handelt sich um das Teezeremonie-Haus »Taian«, das als Nationalschatz im Pavillon »Myōki-an« sorgfältig aufbewahrt wird (Abb. 10 und 11). Um es vor dem Verfall zu schützen, vor allem wegen der fragilen Wand aus Lehm im Innenraum, sind jetzt keine Besichtigungen mehr möglich. Wenn heute bei besonderen Anlässen in einem schönen Teeraum Tee getrunken wird – meist von in vornehmem Kimono gekleideten Gästen mit detailliert geregelten Gesten –, so ist das freilich nicht der Tee, den einst die Samurai, bevor sie zu einem Kampffeld aufbrachen, oder die Zen-Mönche, die während der Sitzübung wach bleiben wollten, getrunken haben – was im Myōki-an geschehen konnte.

Wenn man direkt auf dem Philosophenweg nach dem Ort sucht, wo das Teezeremonie-Zimmer Rikyūs vorweggenommen wird, so landet man wieder bei der Stube Dōjinsai im Silber-Tempel, die wir in der Abbildung 4 und 5 im vierten Kapitel gesehen haben. Aber im Hinblick auf die Übernahme dieser Ästhetik im existenziellen Lebensvollzug taucht das Tee-Zimmer Djōhan-ryō von Tenkō auf. Der Shōgun Yoshimasa gilt als ein Vorläufer von Rikyū, indem er den einfachen und dennoch feinsinnigen Raum Dōjinsai gebaut hat. In

Abb. 11: Myōki-an von innen

diesem Raum steckte die Blumenmeisterin Shuhō Blumen, wie wir ebenfalls sahen. Zwischen dem ersteren und dem letzteren Zimmer gibt es zwar in künstlerischer Hinsicht einen großen Niveauunterschied, der auch zwischen dem Blumenstecken der Meisterin Shuhō in der Stube Dōjinsai und den Pampasgräsern im Djōhanryō liegt. Doch trotzdem besteht zwischen ihnen ein Verhältnis der diskontinuierlichen Kontinuität. Diese erscheint auf dem Philosophenweg als der Nachschein jener Prinzipien des von Rikyū gegründeten Teewegs, von *wabi* und *sabi*.

10. Spazierengehen in den vier Jahreszeiten: »Blume«, »Stein«, »Sand«, »Leben«

Vier Jahreszeiten an den Gedichtmonumenten

Auf dem Philosophenweg stehen hier und da Gedichtmonumente, wie im dritten Kapitel schon angedeutet wurde. Zu ihrem Besuch braucht man Mußezeit, am besten in allen vier Jahreszeiten. Denn hier spiegeln sich die Jahreszeiten, nicht nur weil sie auch in den meisten in diese Monumente inskribierten Gedichten ausgedrückt werden, sondern auch weil die Monumente unabhängig davon selbst je nach der Jahreszeit verschiedene Gesichter zeigen.

Wie schon im Prolog erwähnt, steht etwa in der Mitte zwischen dem Nord- und Südende des Philosophenwegs das Steinmonument mit dem Gedicht von Kitarō Nishida, gefertigt aus Kurama-Stein, welcher vom Kurama-Berg im Nord Kyōtos gewonnen wird. Das hier inskribierte Gedicht wurde schon im »Prolog« zitiert: »Die Anderen sind die Anderen, ich bin ich. Ich gehe jedenfalls den Weg, der meiner ist« (Abb. 1). Dieses Monument zeigt in den vier Jahreszeiten einen je verschiedenen Ausdruck, von fröhlich-belebt im Frühling bis niedergeschlagen-grau im Winter.

Sehen wir des Weiteren die Gedichtmonumente auf dem Philosophenweg in beliebiger Reihenfolge. Das Monument des Gedichts von Kansetsu Hashimoto, der über die Saison der Kirschblüte dichtete, sahen wir schon im achten Kapitel. Dieses große Steinmonument spiegelt in sich optisch deutlich den Wechsel der Jahreszeiten. In einer anderen Weise zeigt das Gedichtmonument Kitarō Nishidas ebenfalls die verschiedenen Aspekte der Jahreszeiten, die in den vier Fotos im »Prolog« zu sehehn sind. Auf ihm liegen die Kirschblütenblätter im Frühling, das Ahornlaub im Herbst und die Schneeflocken im Winter. Es verfärben sich die Moose, der Stein macht einen jeweils anderen Eindruck, was auch mit dem charakteristischen Licht der Jahreszeiten zu tun hat.

In dieser Hinsicht ist das im südlichen Teil des Philosophenwegs liegende Gedichtmonument von Sujū Takano (1893–1976), Dichter

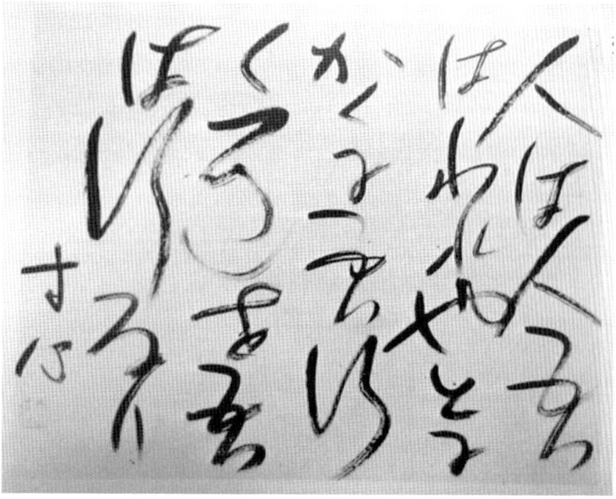

Abb. 1: Kalligraphie Nishidas

der Hototogisu-Schule – *Hototogisu* ist der japanische Name für die Nachtigall –, sehr klein zu nennen, so klein, dass man es sogar beim aufmerksamen Spazierengehen fast übersehen kann (Abb. 2). Die gedichtete Szene aber ist groß:

大いなる春といふもの来るべし

(Ōki naru haru to iu mono kitaru beshi)

»Das Große namens Frühling – es ist im Herbeikommen.«

Zwar ist Sujū als Schüler von Kyoshi Takahama, dem Gründer der Hototogisu-Schule, bekannt für seine realistischen Skizzen der Dinge, aber in diesem Haiku bringt er eine innere Bewegung zum Ausdruck, wenn er die Erwartung des Frühlings anspricht. Auch im Winter, wo alles zu verwelken scheint, bekommt man, wenn man vor diesem kleinen Gedichtmonument steht, Vorfreude auf den Frühling.

Das Gedichtmonument des marxistischen Ökonomen Hajime Kawakami (1879–1946) zeigt eine andere Besonderheit (Abb. 3). Zwar wurden er und sein Leben im vorliegenden Buch nicht erörtert, aber er zählt eigentlich auch zu den Menschen, die in den Wogen der Zeit ein dramatisches Leben geführt haben, von dem zu berichten sich lohnen würde. Er wird generell gekannt als »der marxistische Ökonom«, aber nachdem er wegen seiner Opposition gegen das damalige

Abb. 2: »Das Große namens Frühling - es ist im Herbeikommen«

»Gesetz für die Aufrechterhaltung der Sicherheit« festgenommen wurde, erklärte er im Gefängnis seine »Bekehrung«, was die anderen Marxisten erschüttert hat. Sein Gedicht, das er in altüberlieferten, antiken *Man-yō*-Schriftzeichen geschrieben hat, ist in das Monument inskribiert. Da diese Schrift heute nicht mehr gelesen wird, gebe ich nur die moderne japanische Leseweise wieder:

たどりつき ふりかえりみれば やまかわを こえてはこえて きつるものかな

(Tadoritsuki furikaeri mireba yamakawa wo koete ha koete kitsurumono kana)

»Endlich bin ich hier gelandet / Im Rückblick ist zu sehen: / über die Berge und die Flüsse hinaus, / und so bin ich gekommen.«

Zwar wird im Gedicht keine Jahreszeit angegeben, aber am Ende des Gedichts steht eine Angabe nach dem sino-japanischen Kalender von fünf-mal-zwei = zehn Elementen und zwölf Tieren (十干十二支):

Abb. 3: Gedicht Kawakamis

Wasser-Affe. Die Kombination von zehn Elementen und zwölf Tiernamen schließt in sechzig Jahren eine Runde ab, sodass, wenn die Lebenszeit von Kawakami berücksichtigt wird, die Angabe eindeutig auf 1932 hinweist. Das war noch vor seiner Festnahme. Bis zu seinem Tod ein Jahr nach dem Ende des Pazifischen Kriegs hatte er noch 14 Jahre zu leben. Sein Gedicht deutet aber an, dass er damals schon geahnt hatte, über die Berge und die Flüsse hinaus noch weit gehen zu müssen.

Auf dem Zugangsweg zum Hōnen-Tempel steht ein anderes Gedichtmonument, das genauso groß ist wie das von Kawakami. Darauf ist ein Haiku von Iwao Matsuyama (1882–1963), Professor für Medizin an der Kaiserlichen Universität Kyōto und Haiku-Dichter, zu lesen:

椿落ちて 林泉の春動きけり 巌

(Tsubaki ochite / rinsen no haru ugokikeri – iwao)

»Eine Kamelienblüte ist abgefallen, der Frühling in Hain und Teich nimmt Anlauf. (Iwao)« (Abb. 4)

Abb. 4: Iwao, Kameliengedicht

Was die Kamelie betrifft, so ist der Reikan-Tempel bekannt für seine vielen Kamelien, worunter auch einige seltene und sehr geschätzte Arten sind. Aber auch im Hōnen-Tempel gibt es bekannte Sträucher der Kamelie, sodass der Ort, wo das Haiku-Monument von Iwao Matsuo steht, zu diesem Haiku gut passt. Da die Kamelie im Winter blüht, ist es, wenn alle Kamelien-Blüten abfallen, Zeit für die Pflaumenblüte und die Kirschbäume beginnen, die Knospen sprießen zu lassen. »Der Frühling nimmt Anlauf«. Der Frühling, das Große, wie es im kleinen Monument von Sojū gedichtet wird, klingt also auch hier im großen Monument von Matsuo an.

Um noch ein Beispiel für ein Gedichtmonument anzugeben, in dem die Jahreszeit verewigt wurde, zitiere ich ein Haiku von einem Monument, das sich ebenfalls im Hōnen-Tempel findet:

鶯や今日の本尊にこやかに

(Uguisu ya kyō no honzon nikoyakani)

»Eine Nachtigall – die Buddha-Figur in der Halle lächelt heute« (Abb. 5, der Autor ist Nobuhiro Suzuka, 1887–1972)

Abb. 5: »Eine Nachtigall – die Buddha-Figur in der Halle lächelt heute«

Alle fünf genannten Gedichtmonumente sind bearbeitete Natursteine. Zwar ist dies in Japan kein besonderes Phänomen, aber in Europa ist das, soweit ich sehe, selten. Dass überhaupt »Steine« oder »Felsen« unter dem Aspekt des Schönen angesehen und bearbeitet werden, ist in Europa nicht üblich. Die Fusion dieses ästhetischen Bewusstseins mit dem dichterischen Herzen zeigt sich in den Gedichtmonumenten aus Naturstein. Heute machen die Gäste aus dem Ausland, die auf dem Philosophenweg gehen, einen Anteil von circa 60 bis 70 Prozent aller Spaziergänger aus. Da aber die Gedichtmonumente für sie im Moment nicht lesbar und die Steine wohl für sie unauffällig sind, bleiben sie kaum vor einem Gedichtmonument stehen.

Schließlich soll noch erwähnt werden, dass das »ästhetische Bewusstsein für Natursteine« mit der religiösen Gesinnung der Japaner gut übereinstimmt. In der ganzen Welt finden sich zwar viele Beispiele von Götterstatuen, die aus Steinen gebildet werden. Dass aber Natursteine an sich, auch wenn sie nicht gigantisch sind, nicht nur als ästhetisch-erhaben geschätzt, sondern auch als göttlich verehrt werden, zeigt eine Empfindung für die Natur, wie sie auch der Menschennatur zugrunde liegt. Ein Beispiel kann man in dem kleinen »Yamazumi-Schrein« in Iwakura (im Osten der Stadt Kyōto) sehen (Abb. 6).

Abb. 6: Yamazumi-Schrein in Iwakura

Garten

Indem wir die Gedichtmonumente anschauten, tauchte das Schöne der Natursteine auf, das auch ein häufiges Gestaltungsmoment des Gartens ausmacht: Ein kleines Steinmonument mit Haiku im Anraku-Tempel ist ein weiteres Beispiel dafür (Abb. 7):

蓮の花 水ほのぼのと 明けにけり

(hasu-no-hana mizu honobono to ake ni keri)

»Lotusblume – Das Wasser ist lauwarm, und es dämmert der Tag.«

Es gibt übrigens im Anraku-Tempel keine Lotus-Blume. Im kleinen »Teich« dort gibt es kein Wasser. Stattdessen wird der Boden des Teichs mit grünem und gut gepflegtem Moos gedeckt. Die Fläche dieses Mooses ist als die »Wasserfläche« anzusehen (Abb. 8). Die Konstruktion der Natursteine um den Teich herum zeigt eine Art des Naturschönen, aber solange sie eine gestalterische Konstruktion ist, ist sie das Kunstschöne. Der sonst in der europäischen Ästhetik übliche Gegensatz von den beiden Arten des Schönen schmilzt hier ineinander.

Im japanischen Garten ist neben dem »Stein« auch der »Sand« unentbehrlich. Wie im 5. Kapitel dargestellt, wird im Norden des

Abb. 7: Lotusblumengedicht

Abb. 8: Moos als Wasserfläche im Anraku-ji

Daimonji-Berges, zu dessen Fuß der Philosophenweg verläuft, eine Art von Granit produziert, der sich mit der Zeit durch die Verwitterung zu weißem Sand verwandelt. Im Tempel Hōnen-in sieht man, wenn man durch das Tor hineintritt, im Garten zwei Plattformen aus silbernem Sand. Wer öfters diesen Garten besucht, wird bemerken,

Abb. 9: Sand-Zeichnung im Hōnen-in

dass das auf diesen Sand-Plattformen gezeichnete Muster je nach der Jahreszeit geändert wird. Im hier gedruckten Foto sieht man, dass in der Zeichnung auf den Plattformen gerade ein großes Ginko-Blatt auf den ebenfalls gezeichneten Fluss zu fallen scheint, wobei auf diese Plattform auch die realen, gefärbten Ahornblätter fallen (Abb. 9). Hier schmelzen wieder das Naturschöne und das Kunstschöne ineinander. Übrigens schwingt bei den Gestaltungen mit weißem Sand oft die Bedeutung der »Reinigung« durch das Wasser mit. Es mag eine etwas gewagte These sein, zu sagen, dass im Kern der europäischen religiösen Gesinnung die Idee der göttlichen »Heiligkeit« enthalten ist, während in der japanisch-religiösen Gesinnung das *kiyoraka-sa,* die ästhetische »Reinheit«, prägend ist. Zwar impliziert das englische Wort »pure« oder das deutsche Wort »rein« einiges von der Bedeutung *kiyoraka* im Japanischen, aber sie bedeuten eher Spirituelles bzw. Moralisches, während *kiyoraka-sa* der Ausdruck für rein Ästhetisches ist.

Claude Monet (1840–1926) hatte im Pariser Vorort Giverny ein Haus, hinter dem er einen »japanischen Garten« mit einem Teich anlegen ließ. Den »Lotus« in diesem Teich hat er immer wieder gemalt. Zwischen dem Teich und dem Haus liegt ein großer Blumengar-

Abb. 10: Hakusa-sonsō Garten

ten, wo zu allen Jahreszeiten immer bestimmte Blumen blühen. Im Haus als seinem Atelier werden viele japanische Holzschnitt-Drucke ausgestellt. Aber trotz all seiner Vorliebe findet sich in seinem Garten keine Konstruktion aus Steinen. Wenn er nach Japan gekommen wäre und den hier typischen Garten mit Steinen und Sand gesehen hätte, hätte er in seinen Garten wohl einige Natursteine geholt.

Im Zusammenhang mit dem Thema »Garten, Stein, Jahreszeiten« darf noch ein Ort nicht übersehen werden: der Garten der Villa Hakusa-sonsō: Es wurde im achten Kapitel erwähnt, dass man einst das Feuer-Fest auf dem Daimonji-Berghang im Teich dieses Gartens gespiegelt sehen konnte.

Was in diesem Garten besonders sehenswürdig ist, ist aber die Sammlung der verschiedenartigsten Steine, die hier und da aufgestellt sind (Abb. 10). Dem Plan dieser Villa ist zu entnehmen, dass man weit über dreißig »Artefakte« aus Stein zählen kann. Nicht nur in quantitativer, sondern auch in qualitativer Hinsicht sind sie ausgezeichnet. Es gibt zwei Werke aus der Heian-Zeit, zehn Stücke aus der Kamakura-Zeit und einige aus der Edo-Zeit. Die Genres dieser Werke sind auch vielfach: Steinpagode, Steinbrücke, Buddha-Figuren von verschiedener Art und auch reine Natursteine als solche. Eine besonders auffällige Pagode ist die ca. fünf Meter hohe »Kunisaki-tō für Shizuka-gozen«, die gleich links am Eingang des Gartens der Villa unter den Bäumen steht (Abb. 11). Sie entstand in der Kamakura-Zeit

Abb. 11: Pagode Kunisaki-tō

(1185–1333) und wurde für die Verehrung der Dame Shizuka-gozen gestiftet, der geliebten Frau des tragischen Helden MINAMOTO-no-Yoshitsune (1159–1189). »Kunisaki-tō« ist ein Pagodenstil, der sich ausgehend von der Halbinsel Kunisaki in der Ōita-Präfekutur verbreitet hat. Dass ein erstklassiges Werk dieses Stils in einem Garten in Kyōto zu sehen ist, ist schon als ziemlich besonders zu bezeichnen.

Zwar wurden, wie erwähnt, auch in Europa in der Gartenkunst Steine genutzt, beispielsweise dort, wo schöne Figuren von Göttern bzw. Göttinnen repräsentativ auf Steinkonstruktionen an Brunnen gesetzt werden. Aber im japanischen Garten gelten die Steine selbst als die wesentlichen ästhetischen Gegenstände, insofern sie mit ihren gefälligen Gestalten und Farbtönen als Werke der »Technik der Natur«, um es mit einem Terminus von Kant zu sagen, empfunden werden. Sie passen zu dem Naturgefühl der religiösen Gesinnung, wie es an den Buddhafiguren oder Pagoden zum Ausdruck kommt. Die Besucher der Villa Hakusa-sonsō gehen mit Recht zum Hashimoto-Kansetsu Museum als Ziel ihres Besuchs, da dort die Werke des Malers Kansetsu ausgestellt werden. Aber man darf nicht zu schnell durch den Garten hindurchlaufen, da dort eine die religiöse Geistigkeit erreichende, ausgezeichnete »Naturästhetik der Steine« zu sehen ist.

Tiere am Philosophenweg

Bisher haben wir Bäume, Blumen, Steine, Sand usw. betrachtet, aber noch nicht die tierischen Lebewesen wie Vögel, Fische, Insekten usw., die ebenfalls zum Leben auf dem Philosophenweg dazugehören.

Wenn man auf diesem Weg geht und auf das fließende Wasser im Kanal herunterschaut, findet man oft »Karpfen« (Abb. 12). Da man dort von der Höhe des Weges heruntersieht, erinnert man sich an die Werke Heihachirō Fukudas, der ebenfalls diese Fische im gleichen Winkel, von oben herunterschauend, gemalt hat (Abb. 13). Hat Fukuda die Reihe seiner Werke »Karpfen« womöglich gemalt, indem er die Fische in diesem Kanal beobachtete?

In der Regenzeit im Juni beginnen die Glühwürmchen namens Genji, über dem Kanal herumzufliegen. Der Philosophenweg wird von der Stadt Kyōto als einer der 200 Orte in der ganzen Stadt bestimmt, an denen die Natur besonders gut bewahrt wird. Das Genji-Glühwürmchen ist die Sorte, die neben den Heike-Glühwürmchen im Westen Japans zu sehen ist. Man erinnert sich an den harten Streit um die Macht zwischen der Genji- und der Heike-Familie, in die der Priester Shunkan mit seinem allzu ungeschickten Putschversuch gegen die Heike in tragischer Weise verstrickt wurde. In den letzten Jahren hat sich die Zahl der Genji-Glühwürmchen in dieser Gegend leider drastisch reduziert.

Die Tempel und die Schreine am Philosophenweg sowie Daimonji-Berg bilden eine Schatzkammer von Tieren, Vögeln und Insekten. Unterhalb des Tempels Hōnen-in gibt es ein kleines »Hōnen-Tempel Zentrum des Waldes«, in dem reichliche Informationen über die Lebewesen in dieser Gegend gegeben werden. Wenn man dort in einer kalten Nacht im Dezember an der Veranstaltung »Beobachtung der Flughörnchen« teilnimmt, kann man im dunklen Wald, im schwachen Licht der Taschenlampe, diese Tiere – ihr japanischer Name ist *Musasabi* – von Baum zu Baum fliegend springen sehen. Das erweckt beinahe einen mystischen Eindruck, aber für die Flughörnchen ist die Mystik kein Thema. Sie befinden sich dann in der Zeit, in der die Männchen um die Weibchen wetteifern.

Die Lebewesen in der Natur leben mit dem Rhythmus der Jahreszeiten. Aber während diese Jahreszeiten wiederkehren, kommen die Lebewesen nicht mehr wieder zurück, sobald sie mit dem Tod vergehen. Allerdings gibt es manchmal Wunderorte und Wunderzeiten, in denen das vergangene Leben in einer Weise doch wieder zurück-

Abb. 12: Karpfen im Kanal

Abb. 13: »Karpfen« von Fukuda

kommt. Das »Feuer zur Verabschiedung der Toten« am Berghang des Daimonji-Berges im Sommer oder die »Kansetsu-Kirschblüte« (vgl. das 8. Kapitel) sind Beispiele solcher Wunderzeiten. Der besondere Ort auf dem Philosophenweg für die Kraft des Wiederkehren-lassens des Lebens ist das Grab der Königin Sōjun. Da steht ein großer Ahorn, dessen Blätter sich im späten Herbst in prachtvoller Weise färben, und dessen Zweige über die weiße Mauer hinaus herunterhängen (vgl. Kap. 5, Abb. 6). Diese Blätter werden im sehr späten Herbst, wenn die Blätter der anderen Ahornbäume beinahe abgefallen sind, tiefrot. In Kyōto gibt es mehrere für ihre Ahornblätter bekannte Orte und auch am Philosophenweg stehen viele Ahornbäume. Aber die Pracht der Ahornblätter am Grab der Königin Sōjun mit ihrem Kontrast zur weißen Mauer ist einfach unvergleichbar. Wenn ich sie sehe, kann ich nicht anders, als sie mit der unbekannt gebliebenen und isoliert gestorbenen Königin Sōjun zu verbinden. Denn mir scheint, als drückten die Ahornblätter den Nachschein des Lebens der Königin aus.

Dass zwischen den Menschen und den Bäumen oder Tieren das gemeinsame Band »Leben« existiert, lässt sich sowohl biologisch wie auch in einem innerlich-spirituellen Sinne sagen. Es wurde weiterhin auch öfters gesagt, dass das Leben der einzelnen Lebewesen zwar nicht dem Schicksal des Sterbens entkommen kann, aber als das große Leben in kosmischer Sicht durch den Tod der Einzelnen hindurch neu und weiter lebt. Dieses sonst Banale erscheint, wenn man in den vier Jahreszeiten auf dem Philosophenweg spazieren geht, als das unendlich Erstaunliche je neu. Ist dies nicht ein Wunder?

11. Kreation des Nachscheins in der architektonischen Gestaltung

Der »ästhetische Nachschein« in Europa

Bereits am Anfang dieses Buches habe ich einen Terminus verwendet, der im Japanischen *zanshō-bi* lautet und der in etwas umständlicher deutscher Übersetzung lautet: »der ästhetische Nachschein des Vergangenen«. Der Nachschein im gewöhnlichen Sinne ist das Phänomen des Nachglanzes der Sonne, die untergegangen ist, deren Licht aber als Abendrot noch am Himmel zurückbleibt. Auch er wird bald vergehen. Es gibt aber einen Nachschein, der in Form der »Tradition« nicht leichthin vergeht, sondern als der ästhetische Schein bestehen bleibt und in die Gegenwart hineinwirkt. Das in diesem Buch gemeinte *zanshō-bi* ist in diesem Sinne aufzufassen, als der »ästhetische Nachschein des Vergangenen, das nicht vergeht«.

Wenn aber dieses Wort in diesem Buch eigens als ein Terminus für das »japanische Schöne« verwendet wird, bedarf es einer ergänzenden Erklärung. Denn dazu muss gleich angemerkt werden, dass der ästhetische Nachschein der Tradition nicht nur in der japanischen Kultur und Kunst, sondern in jeder Weltkultur zu finden ist. Um den »japanisch ästhetischen Nachschein« auszuzeichnen, sind also zum Vergleich kurz die Charakteristika des »europäisch ästhetischen Nachscheins« zu betrachten. Wer die Reliquien und Kunstdinge der griechisch-römischen Antike kennt oder sich für die großartige Architektur der Kathedralen und die diese schmückenden Skulpturen in den europäischen Städten interessiert, weiterhin, wer die malerischen Werke in den Museen oder die klassische Musik in den Konzerten genießt, wird immer von der Kraft dieses »Vergangenen, das nicht vergeht« und seines ästhetischen Effektes überwältigt werden.

Zur philosophischen Bestimmung dieses »europäisch ästhetischen Nachscheins« ist zuerst wieder die hegelsche Definition des Schönen in seinen »Vorlesungen über die Ästhetik« heranzuziehen. Hegel behandelt im ersten Teil der Vorlesung »die Idee des Kunstschönen oder das Ideal« und sagt, dass das Schöne »das sinnliche

Scheinen der Idee« ist (*Werke*, Bd. 13, S. 151). Das deutsche Wort »Scheinen« ist zweideutig. Es bedeutet erstens »leuchten«, »glänzen« und zweitens »aussehen«, »erscheinen«. Diese Zweideutigkeit geht auf die Natur der Sache selbst zurück. Wenn der volle Mond scheint, so ist die Wirkung des Mondlichtes zweierlei. Einerseits *zeigt* es den Mond auf, sodass es als die Erscheinung des Mondes gilt, aber andererseits *verdeckt* es den Mond, indem es zum Scheinbild desselben wird. Dies wird noch deutlicher, wenn anstelle des Mondes die Sonne betrachtet wird. Das Sonnenlicht am Tag ist so stark, dass man die Sonne nicht direkt sehen kann. Das Licht zeigt, wo die Sonne ist, aber es verdeckt die Sonne selbst. Die scheinende Sonne ist sowohl der Schein als das »Scheinbild«, sie ist das glänzende Lichtphänomen selbst, so wie das Phänomen auch nur ihre Erscheinung ist. Die »Idee«, die übersinnlich und überzeitlich ist, »scheint« in dieser gedoppelten Weise, sodass sie »sinnlich« vernommen wird, und dieses sinnliche Scheinen der Idee ist nach Hegel das »Schöne«.

Diese hegelsche Bestimmung des Schönen ist eine Formulierung der im Abendland seit Platon überlieferten fundamentalen Auffassung des Schönen. Dieser stellt im *Phaidros* (250 d) dar, wieso die Schönheit »uns das Hervorleuchtendste ist und das Liebreizendste«. Alle Seelen hätten nämlich vor ihrer Geburt in den Menschenleib die göttliche Idee des Schönen geschaut, was sie befähigt, auf Erden als schön zu erkennen, was an der überirdischen Schönheit teilhat.

»Diese [Menschen mit starker Erinnerung der Seele] nun, wenn sie ein Ebenbild des dortigen sehen, werden sie entzückt und sind nicht mehr ihrer selbst mächtig; was ihnen aber eigentlich begegnet, wissen sie nicht, weil sie es nicht genug durchschauen. […] Die Schönheit aber war damals glänzend zu schauen […] und auch nun wir, hierhergekommen, haben […] sie aufgefasst durch den hellsten unserer Sinne aufs hellste uns entgegenschimmernd.«[7]

Die Schönheit ist also auch nach Platon bereits das sinnliche Scheinen der Idee. Wenn diese Idee mit »Gott« gleichgesetzt wird, so besteht im Grunde dieselbe Formel der Bestimmung des Schönen, die bei Augustinus und Thomas erörtert wird. Wenn das »Schöne« als solcher sinnlicher »Schein« des Ewigen bestimmt wird, so ist ein irdisches Schönheitsphänomen als ein »Nachschein« der übersinnlichen Idee anzusehen.

Im neunten Kapitel wurde bereits angedeutet, dass im Vergleich mit dieser Art des »Schönen«, für die der Gesichtssinn den Hauptzugang ausmacht, die Worte *wabi* und *sabi*, für die der Tastsinn ein unentbehrliches Element ist, eine sehr fremde Art des Schönen ausdrücken. Der im vorliegenden Buch gemeinte »Nachschein« ist insofern kein Nachbild des übersinnlichen Schönen. In ihm wird das Strahlen des schönen Scheinens eher gelöscht und versteckt. Er ist kein Gleichnis des Ewigen, wie Goethe sagt, sondern der Ausdruck des Vergänglichen. Im Hinblick auf das Schöne im Sinne des Scheinens des Ewigen drücken *wabi* und *sabi* das »Schöne des Nicht-Schönen« aus.

Hier ist zudem anzumerken, dass dieses Schöne in der Weise von *wabi* und *sabi* nicht nur etwas ist, was in der vergangenen ästhetischen Tradition in Japan besteht, sondern dass es auch eine Neuheit hat, die in der modernen Kunst zu sehen ist. Die Gegenwart ist in der Tat das Zeitalter der Anti-Metaphysik, in dem man nur an das glaubt, was empirisch belegt werden kann. Die heutigen Künstler verfolgen nicht mehr das »Schöne«, wie es Hegel thematisiert hat. Das »Schöne« wird heute von der Kunstwelt dem kommerziellen Design überlassen. Was in der Kunstwelt noch verfolgt und versucht wird, ist das experimentelle Tasten nach einer immer neuen »Gestaltung«. In der Gestaltungskunst kann auch das »Hässliche« zum Gegenstand gemacht werden. »Wabi« und »sabi«, die dunkle Einsamkeit und das glanzlose Tastgefühl, können eher im Sinne des »ästhetisch Hässlichen« verstanden werden.

Karl Rosenkranz (1805–1897), ein Schüler Hegels, verfasste die Schrift *»Ästhetik des Häßlichen«* 1853. In der Gedichtsammlung »Les Fleur du Mal« von Charles-Pierre Baudelaire (1821–1863), der damit eine Umwälzung der dichterischen Welt in Gang setzte, wird der dunkle Aspekt der Dekadenz in der Großstadt Paris verdichtet. Die Maler des Impressionismus stellten nicht mehr das göttliche Licht dar, sondern das natürliche Sonnenlicht, was aber nahelegt, dass die Natur nicht nur eine Lichtseite, sondern auch eine Schattenseite hat. Theodor Wiesengrund Adorno (1903–1969) behauptete in seinen *»Vorlesungen zur Ästhetik«:* »Radikale Kunst heute heißt so viel wie finstere, von der Grundfarbe schwarz« (*Gesammelte Schriften* 7, S. 65), da nach ihm die Kunstwerke, die inmitten des Äußersten und Finstersten der Realität bestehen und nicht als Zuspruch sich verkaufen wollen, dieser Realität sich gleichmachten.

Das »Hässliche« geschieht nicht nur auf der sozialen Ebene, sondern auch in der Politik. In den siebziger Jahren des letzten Jahrhunderts haben Historiker und Philosophen in Deutschland den sogenannten »Historikerstreit« geführt, wobei das Schlagwort lautete:

»die Vergangenheit, die nicht vergehen will«. Die dabei gemeinte »Vergangenheit« ist der Nationalsozialismus. Auf der einen Seite wurde versucht, diese nicht vergehen wollende Vergangenheit um des Aufbaus der Zukunft willen zu relativieren, aber auf der anderen Seite wurde dieser Relativierungsversuch abgelehnt. Die nicht vergehen wollende Vergangenheit bleibt als Gegenwart, in der die Menschen leben.

Es sei daran erinnert, dass der im vorliegenden Buch gemeinte »Nachschein«, *zanshō-bi*, bedeutet, dass die Vergangenheit im Modus des Schönen sich vergegenwärtigt und nicht einfach vergeht. Um dies noch ein Stück weiter zu betrachten, ist eine Frage zu stellen: Was wäre dann die Bedingung dafür, dass die Vergangenheit, die nicht vergehen will, eigens als *ästhetische Tradition* erscheint und insofern nicht vergeht? Im Fall des »sinnlichen Scheins des Übersinnlichen« kann die Antwort auf diese Frage in quasi platonischer Formulierung gegeben werden: Die gefragte Bedingung ist, dass mit dem Vergangenen an das Ewige *erinnert* und dieses in der *Erinnerung* aufbewahrt wird. Typische Beispiele könnten in den Relikten der griechischen Tempel und Skulpturen gesehen werden. Die Sehnsucht nach dem Ewigen kam aber nicht nur in der Antike zum Ausdruck. Auch in der klassischen Musik – wenn ich meine persönliche Vorliebe verraten darf, z. B. bei Franz Schubert (1797–1828) – kann man, wenn auch nicht durch den »Gesichtssinn«, wie Platon betonte, sondern durch den »Gehörsinn« den Klang des Überirdischen vernehmen. Um die Überlegung zur Musik fortzusetzen, so wird demgegenüber in der modernen Musik so etwas wie die Melodie aufgelöst und an ihrer Stelle vielmehr der intermittierende Rhythmus herrschend. In dieser modernen Musik wird der Abschied vom transzendent ewigen Wesen bereits vollzogen. Diese Tendenz beschränkt sich nicht auf die Musik allein. Sie ist der allgemeine Grundzug der modernen Kunst überhaupt, der unter dem Namen des »Expressionismus« im weiten Sinne die Kunstwelt im 20. Jahrhundert prägte. Selbst der »Impressionismus«, der zunächst sprachlich das Gegenteil von Expressionismus besagt, ist im Wesentlichen expressionistisch, solange er versucht, den »Ein-druck« des augenblicklichen Lichtspiels künstlerisch zum »Aus-druck« zu bringen. Die Künstler als die Kunsttätigkeit tragenden Subjekte wollen auf eigenen Beinen stehen, ohne sich von der göttlich transzendenten Gnade Gottes abhängig zu machen. Sie sehen das augenblickliche Jetzt an, ohne ihren Blick auf das Ewige zu richten.

In der modernen europäischen Kunstwelt herrscht die Tendenz der Polarisierung von »Ewigem« und »gegenwärtigem Jetzt«, wobei der eine Pol, das Ewige bzw. Übersinnliche, immer weiter an Macht verloren hat. Dies kann wohl als eine Folge der immer erfolgreicheren und zugleich nicht in allen Hinsichten optimistisch stimmenden Moderne gesehen werden. Die japanische Moderne läuft im Großen und Ganzen parallel mit dieser europäischen Moderne. Allerdings findet sich in ihr auch oft ein nicht letztlich ins »Europäische« zurückzuführendes »Japanisches«, das seinerseits gar nicht leicht zu bestimmen ist. Anstelle der begrifflichen Bestimmung kann aber eine phänomenale Beschreibung unternommen werden.

Es gibt seit alters her verschiedene Begriffe für »Schönes« in der japanischen Ästhetik. In der antiken Dynastiezeit *aware* (da diese Begriffe nicht genau übersetzbar sind, kann ihre Bedeutung nur etwa umrissen werden, hier: »emotional bewegend«), *hakanashi* (»das Gefühl der Vergänglichkeit«), oder *miyabi* (»schmuckhaft-elegant«) und seit dem Mittelalter *wabi* (»öde Einsamkeit«), *sabi* (»Einsamkeit in der Verlassenheit«), *yūgen* (»verborgene Feinheit«), sowie *fūga* (»anmutiger Wind«). In der Neuzeit kamen Ideen hinzu wie *iki* von Shūzō Kuki oder die »Ästhetik des Schattens« von Tanizaki, über die in den vorangegangenen Kapiteln berichtet wurde. Ich selbst habe einst den aus der Dichtungstheorie stammenden Begriff »Schnitt-Kontinuum« *(kire-tsuzuki)* auf die japanische Kunst und Kultur im Ganzen zu erweitern versucht. Wenn man alle diese Begriffe überschaut, bemerkt man eine allgemeine Richtung, auf die sie verweisen, bzw. einen Gegenzug zu dem im klassisch-europäischen Begriff des Schönen versteckten Streben nach der »Teilhabe am transzendenten Ewigen«. Der von uns gemeinte japanisch-ästhetische Nachglanz dagegen wird darin empfunden, dass das, was ist, wesentlich vergänglich ist und von der »Zeit« erodiert wird, wobei aber diese Vergänglichkeit und die Erosion durch die Zeit als solche bejaht und künstlerisch bearbeitet wird. Diese Vergänglichkeit wird vom Beobachtenden als Wesensnatur ihres eigenen Selbst aufgefasst, statt zu versuchen, diese auf das »Ewige« hin zu überwinden.

Vorhin habe ich die moderne Musik als Beispiel der neuen Tendenz der modernen Kunst angegeben, wobei ich konkret an den modernen Komponisten Helmut Lachenmann (geb. 1935) gedacht habe, der als ein Fackelträger dieser Musikbewegung gilt und den ich auch persönlich kenne. Wenn man ihn mit dem ihm eng befreundeten japanischen Komponisten Toshio Hosokawa (geb. 1955) vergleicht, so ist unabhängig von der Einschätzung der beiden bedeutenden Komponisten selbst ihre Art und Weise des musikalischen Experimentes verschieden. Bei der neuen Musik Lachenmanns rückt die »Auseinandersetzung« mit der Tradition in den Vordergrund, während bei Hosokawa eine »Einarbeitung« derselben stattfindet. So berichtet Lachenmann, dass der Baden-Badener Südwestfunk zur Feier des vierzigjährigen Bestehens seines Sinfonieorchesters bei ihm ein Stück in Auftrag gegeben habe, das in einem Festkonzert als »Prolog« zu Beethovens Neunter uraufgeführt werden sollte. Das Konzept war, ein modernes Auftragswerk zugleich mit dem berühmten Werk der Klassik aufzuführen. Doch dazu kam es nicht. Lachenmanns Arbeit wurde unter Inkaufnahme des Vertragsbruchs und eines offenen Affronts des Komponisten vom Intendanten kurzfristig aus dem Programm genommen.[8] Das gibt einen Hinweis darauf, dass Lachenmann seine Musik offensichtlich nicht im »Nachschein« der klassischen Musik, auch nicht im Zusammenspiel mit dieser, sondern eher im Abschied von dieser konzipieren bzw. präsentieren wollte. Bei Hosokawa stehen dagegen die Tradition als das Vergangene, das nicht vergeht, und die Moderne, die in der gegenwärtigen Welt herrscht, nicht in einem Polarisierungsverhältnis. In seinem Werk *Hanjo* (»Tochter von Han«) wird das Wassergeräusch und in *Matsukaze* (wörtlich: »der durch die Kiefernzweige durchwehende Wind«, hier aber der Name einer Dame) das Geräusch des Windes in die Komposition eingearbeitet. Er selber sagte mir einst, er nehme die Geräusche in der Naturwelt bewusst auf. In seinen Werken kommen weiterhin die vorhin angegebenen ästhetischen Ideen wie *aware, hakanashi, miyabi, wabi, sabi, yūgen, fūga* usw. in verschiedener Weise zum Ausdruck. Dort vergeht das Vergangene nicht. Das Nō-Theater erscheint in der modernen Oper von Hosokawa als ein kreativ ästhetischer Nachschein.

Was oben dargestellt wurde, ist keine Abschweifung vom Philosophenweg, sondern ein Aspekt der Entwicklung des dortigen *zanshō-bi* in der Gegenwart. Um dies klarer zu machen, soll das Gesagte auf den Philosophenweg bezogen werden, indem der Blick auf die »Architektur« gerichtet wird.

Abb. 1: Kannon-Pavillon Architektur

Der Silber-Pavillonpalast als »Klause«

Zwar habe ich im vierten Kapitel »Die Strahlung aus dem Morgentraum von Shōgun Yoshimasa« etwas aus der Geschichte des Silber-Tempels erzählt, aber eines blieb ohne Erwähnung: der nationale Schatz »Kannon-Pavillonpalast« (Abb. 1), dessen volkstümlicher Name »Silber-Pavillonpalast« zum Spitznamen »Silber-Tempel« für die gesamte Anlage führte. Den Leser mag bisher verwundert haben, dass ich nicht nur diesen Pavillonpalast, sondern auch die Architektur auf dem Philosophenweg – mit Ausnahme der Teestube Dōjinsai – kaum erwähnt habe. Dafür gab es einen Grund.

Es kommt nämlich darauf an, was man unter »Architektur« verstehen will. Wenn man unter diesem Begriff das versteht, was im wörtlichen Sinne gebaut und konstruiert wird, somit »Bauwerk«, so findet sich auf dem Philosophenweg kein besonders ausgezeichnetes Beispiel. Man würde einwenden, es gebe aber ein besonderes Bauwerk, sogar Nationalschatz, den »Silber-Pavillonpallast«. So ist jetzt zu fragen, was diesen Palast als Bauwerk auszeichnet. Die Antwort auf diese Frage betrifft den Kernpunkt des hier thematisierten japa-

Abb. 2: Großes Südtor des Tōdai-ji in Nara

nisch-ästhetischen Nachscheins vom Vergangenen, das im Erlöschen seiner selbst glänzt und in diesem Glanz immer wieder aufglimmt.

Als Orientierung möchte ich Beispiele aus der Tempelarchitektur in den zwei alten Hauptstädten Nara und Kyōto anführen, wodurch der architektonische Stellenwert der Bauwerke auf dem Philosophenweg sichtbar wird. Der Einfachheit halber ziehe ich das Große Südtor *(Nandaimon)* des Tōdai-Tempels in Nara (Abb. 2) und das Eingangstor des Nanzen-Tempels in Kyōto (Abb. 3) vergleichend heran.

Beide sind sich darin ähnlich, dass sie als riesige Bauwerke das Gefühl massiven Volumens erwecken. Aber wenn man sie aufmerksam betrachtet, taucht ein beträchtlicher Unterschied bzw. Kontrast auf. Zunächst zum Großen Südtor: Wenn man darunter steht und nach oben schaut, kann man die Konstruktion des Balkengeflechts unter dem Dach gänzlich nachvollziehen. (Abb. 4). Da das Ganze der Konstruktion sichtbar ist, muss das Bauwerk ohne Schmuckteile, ausschließlich durch die Konstruktionsdynamik, das architektonische Prinzip der Harmonie erfüllen. Das Große Südtor sieht, wenn man es von außen betrachtet, wie ein zweigeschossiger Bau aus, aber in Wirklichkeit reichen große, gediegene Pfeiler bis nach oben, wo sie von den Querbalken verfestigt werden, sodass der Bau sich als eingeschossig herausstellt. Der Eindruck der Offenheit und Gewaltigkeit des Tors kommt direkt von der Konstruktion der Baumaterialien und deren Geflecht. Dieser Eindruck verbindet sich mit dem Aus-

Abb. 3: Tor des Nanzen-ji in Kyōto

sehen der Figuren der Wächtergötter unter dem Tor, deren kräftige Muskeln fast zu explodieren scheinen und deren Kraft in der Form des großen Tors wiederkehrt.

Demgegenüber ist das riesige Eingangstor des Nanzen-Tempels, gestützt durch die großartigen dicken Pfeiler, von grandioser Majestät, sodass es ganz verständlich ist, dass in einem Kabuki-Theaterstück der bekannte und populäre Räuber ISHIKAWA Goemon auf dem ersten Stock des Eingangstors steht und das ebenfalls bekannte Wort ausspricht: »Wunderbar! Wie wunderbar ist der Blick von hier aus …«. An einer Säule im Eingangsbereich des Tores ist ein Plakat dieser Szene aufgehängt worden (Abb. 5). Aber das Tor ist entsprechend seinem äußeren Aussehen ein Doppelgeschoss. Das heißt, das Innere der Dachstruktur wird nicht offen ersichtlich, sondern von einer Zwischendecke verdeckt, und der Gesamteindruck ist zwar mächtig und würdig, aber nicht gewaltig und wild wie das Große Südtor im Tōdai-Tempel. Das Tor zum Nanzen-Tempel ist eher regelmäßig und geordnet, in sich geschlossen statt offen. Auf dem ersten Stock wurden von KANŌ Tan-yū (1602–1674) Bilder von Phönix und Himmelsdamen an die Decke gemalt und auf dem Boden dieses Stockwerkes werden die Statuen von sechzehn Rakan-Figuren sowie

Abb. 4: Detail der Dachkonstruktion des Großen Südtors

ein Sakyamuni-Buddha ausgestellt (Abb. 6). Überhaupt gilt, dass durch den Einzug einer Zwischendecke die Gestalt des Bauwerkes von architektonischer Dynamik befreit und ziemlich frei entworfen werden kann. Die »Phönix-Halle« im Byōdō-Tempel in Uji, einem Vorort von Kyōto, ist der Höhepunkt solcher »ornamenthaften Architektur« (Abb. 7). Auch an den einzelnen Bauteilen sind die Tempel in Kyōto in ornamentaler Richtung entwickelt, wie bei der sog. »froschförmigen Stütze« (Abb. 8), die in der Art eines Stützgebälks auf den Balken gelegt wird, um die Schwere des Daches zu verteilen.

Man kann sagen, dass der Tempelbau in Nara sich durch den Ausdruck der architektonischen »Strukturdynamik« auszeichnet, während derjenige in Kyōto raffiniert im »ornamentalen« Charakter ist. Die relativ kleinen Tempel-Bauwerke auf dem Philosophenweg wie der Anraku-Tempel und der Eikandō-Tempel sind in ornamen-

Abb. 5: Kabukiszene: Ishikawa Goemon auf dem Nanzen-ji-Tor

taler Hinsicht elegant und erfreuen das Auge, aber als Bauwerke zeigen sie keine besonders bemerkenswerte Dynamik. Der »Silber-Pavillonpalast« kann zur verfeinerten Richtung der Ornamenthaftigkeit in Kyōto gezählt werden. Allerdings kann man das Innere dieses Palastes nicht sehen, da es nicht öffentlich zugänglich ist.

Aber dieser Nachteil stört wenig, denn dieses Bauwerk ist auch und eben in architektonischer Hinsicht etwas Besonderes. Die Besonderheit liegt nicht darin, dass die Ornamenthaftigkeit besonders verfeinert wird. Zwar sind die Geländer und die Fenster des Kannon-Pavillonpalastes feinsinnig geformt, aber wenn man diesen Palast hinsichtlich der Pracht und Auffälligkeit der Ornamente mit dem Goldenen Pavillonpalast im Westen, welcher mit Blattgold gedeckt ist, vergleicht, kann er kein Konkurrent sein. Dies bedeutet aber keineswegs, dass der Silber-Pavillon in ästhetischer Hinsicht dem Goldenen Pavillon untergeordnet wird – ganz im Gegenteil. Der eigentliche architektonische Wert des nationalen Schatzes »Silber-Tempel« liegt in seiner Schlichtheit, welche auch der Wert des japanisch-ästhetischen Nachscheins auf dem Philosophenweg ist.

Shōgun Yoshimasa hatte von vornherein keine Absicht, seinen Silber-Tempel mit dem Goldenen Tempel konkurrieren zu lassen. Wenn er das gewollt hätte, wäre die Ästhetik des Silber-Tempels in

Abb. 6: Buddha-Figuren im Zwischengeschoss des Nanzen-ji Tors

eine schizophrene Spaltung geraten. Zur Schlichtheit der Gestaltung sei ein Gedicht von Yoshimasa zitiert, aufgenommen in den Heften »Illustration der sehenswürdigen Orte in Kyōto« *(meisho-zue)*.[9] Es lautet:

我が庵は月まち山の麓にてかたふく空の影をしそ思ふ

(Waga io ha tsukimachiyama no fumoto nite katafuku sora no kage wo shiso omou)

»In meiner Klause am Fuß des Tsuki-machi-Berges (der Berg des Wartens auf den Mondaufgang, Anm. OR) bewundere ich innig den jetzt untergehenden Mond.«

Die Absicht Yoshimasas war keineswegs, einen »prachtvollen Pavillonpalast« aufzubauen, sondern eine »einfache Klause« anzulegen. Zwar wurden Baumaterialen von bester Qualität genutzt und ein im Detail durchaus feinsinniges Design entworfen, aber dies alles wurde nicht um der Präsentation der königlichen Majestät willen getan, sondern um »den anmutigen Wind wehen zu lassen«. Dazu sollte das Bauwerk eher einfach und schlicht aussehen wie eine »Klause«. Führt man diese Idee konsequent weiter, so gelangt man zur viereinhalb Tatami großen Dōjinsai-Stube. Es wäre möglich, durch eine eingehende Strukturanalyse der zwei Bauwerke, des »Kannon-Pavillonpalastes« und der Dōjinsai-Stube, alle die vorhin angegebenen Ideen

Abb. 7: Byōdō-in in Uji

Abb. 8: Detail der froschförmigen Dachstützen

des japanischen Schönen, d. h. *aware, hakanashi, miyabi* in der Antike, *wabi, sabi, yūgen, fūga* im Mittelalter, und die neu vorgelegten Ideen wie *kire, iki,* »Schatten« usw., zu veranschaulichen.

Der »Weg«, den der Natursinn bildet. Schrein, Tempel und die Architektur von Andō

Noch ein Stück tiefer soll der kulturelle Hintergrund dieses *zanshō-bi,* des »ästhetischen Nachscheins des Vergangenen, das nicht vergeht«, ausgeleuchtet werden. Zwar ist es leicht vorstellbar, dass hinter dieser Sensibilität die mahayana-buddhistische Weltanschauung wirkt, die in der Formel Ausdruck findet: »Die Leere ist gleich der Erscheinung«. Die Vergänglichkeit dessen, was ist, wird mit dieser Formel als die wahre Seinsweise sowohl der Dinge wie auch meines eigenen Selbst angeschaut und akzeptiert. Aber mir scheint auch, dass durch diese mahayana-buddhistische Anschauung allein der »japanisch-ästhetische Nachschein« nicht vollständig erklärt werden kann. Denn schon innerhalb des buddhistischen Kulturkreises kann man in der Architektur eine vom japanischen Buddhismus sehr verschiedene Sinnlichkeit und Empfindungsweise finden. Ich beschränke mich hier auf die hinayana-buddhistischen Ruinen in Ayutthaya, einer historischen Stadt in Thailand, die ich einst ausführlich besichtigen konnte. Aber was ich dort an architektonischer Gestaltung gesehen habe, ist, glaubt man der entsprechenden Literatur, keine seltene Ausnahme, sondern eher ein allgemeines Phänomen in Ostasien. Die Tempelbauten sind dort prinzipiell aus Stein gemacht. Sie strahlen eine Tendenz zur Dauerhaftigkeit aus, wie sie von großen steinernen Basisplatten auf weitem Feld hoch heraufragen, als widerstünden sie dem Zeitlauf, statt sich der Naturumgebung von Bergen und Flüssen anzupassen. Die häufig zu sehende, riesige Figur des »sich im (Zustand des) Nirwana niederlegenden Buddhas« sowie der reiche Goldschmuck um diese Figur herum wirken ebenfalls sehr fremd aus dem Blickwinkel der im Allgemeinen schlichten japanischen Tempelbauten. Die japanischen Häuser und Tempel sind prinzipiell aus Holz gebaut und in die Naturumgebung eingepasst. Zwar scheinen die prachtvollen Zimmer im Nijō-Schloss in der Stadtmitte Kyōtos sowie die grandiose Buddha-Halle im Nishi-Hongwanji (West-Hongwan-Tempel) im Gegensatz zu dieser schlichten Natürlichkeit der japanischen Architektur zu stehen. Aber auch hier zeigen die Schiebetür-Malereien die feierliche Erhabenheit der Naturwelt statt der göttlichen oder würdig-majestätischen. Letztere ist sowohl in griechisch-römischen Tempelruinen, mittelalterlich-neuzeitlichen Altarbildern in Europa oder eben auch den sakralen Bauten auf dem asiatischen Festland zu sehen ist.

Der »japanische Buddhismus« entstand in der Kamakura-Zeit (1185–1333), und der Gründer der Schule des Reinen Landes, Shinran (1173–1263) redete bekannterweise von der »Natur« mit der Aussprache »jinen«, obwohl das Wort gewöhnlicherweise »shizen« ausgesprochen wird. In der Schrift mit dem Titel *Mattōshō* sagt er: »Das ›ji‹ in ›jinen‹ besagt: von sich selbst. Es ist nicht der eigene Entwurf des Übenden. Das ›nen‹ heißt: so sein lassen, was wiederum kein Entwurf des Übenden ist. Weil es das Gelöbnis des Nyorai-Buddhas ist, ist es die Dharma-Wahrheit.«

Die »Natur« wird hier gleichgesetzt mit der »Buddha-Wahrheit«. Diese Auffassung wäre nicht ohne den Natursinn zustande gekommen, der im Klima Japans gebildet wurde. Im indischen Buddhismus hat das Wort »Natur« keine fundamentale Bedeutung. In den in Sanskrit geschriebenen Sutren gibt es kein Wort, das eindeutig dem Wort »Natur« entspricht.[10]

Dieser »Natursinn« muss schon vor der Einführung des Buddhismus in der Lebenswelt Japans gewirkt haben und ist bei der Aufnahme des Buddhismus zum basalen Element eines »japanischen Buddhismus« geworden. Die später im japanischen »Kamakura-Buddhismus« (13./14. Jh.) entstandene Idee der »Natur« (jap.: *jinen*, statt *shizen*) ist als Folge dieser Wirkung zu verstehen. Sie hat weder im indischen noch im chinesischen Buddhismus eine so elementare Bedeutung erlangt und gilt als die dem japanischen Klima entsprechende Grundgesinnung des japanischen Buddhismus.

Der genannte »japanische Natursinn« ist noch deutlicher in den Shintō-Schreinen zu beobachten, die schon vor der Rezeption des Buddhismus in Japan existierten. Wie die Geschichte der japanischen Architektur erzählt, war der Shintō-Schrein in seiner Entstehungszeit kein architektonischer Bau, sondern ein heiliger Ort, wohin ein Gott *(kami)* während eines Festes kommt und verweilt, um nach dem Fest wieder zu entschwinden. Ein großer Baum, ein schwergewichtiger Fels, aber auch ein mit Wäldern gedeckter Berg konnte als solcher »Schrein« gelten. Auch als die ersten Bauwerke als solche Götter-Orte entstanden, waren es oft provisorische Bauten, die nach dem Fest wieder geräumt oder abgebaut werden konnten. Sie wirken als »das nicht-Architektonische in der Architektur selbst«, was konkret an den »Schreinen ohne Bauten« zu sehen ist. Der »Ōmiwa-Schrein« in Nara (wo der Berg Miwa die Funktion der Haupthalle übernimmt) oder der »Suwa-taisha Schrein« in Nagano sind die bekannten Beispiele dafür.

Um zu sehen, wie der Ausdruck des Empfindungssinnes zur

sinnlichen Quelle der Schrein-Architektur wurde, bräuchte man nicht unbedingt zu den großen und bekannten Schreinen zu gehen. Die kleinen und durchschnittlichen Schreine in der Nähe genügen dazu. Die Shintō-Schreine zum Beispiel, die man auf dem Philosophenweg sieht, wie der »Nyakuōji-Schrein«, der »Ōtoyo-Schrein«, der »Hachi-Schrein« usw., sind alle zwar keine besonders bemerkenswerten Schreinbauten, aber sie sind mit einem simplen »Torii-Tor«, einem einfachen Hauptbau und dem »Wasser für die Reinigung« versehen und zeugen noch vom prinzipiell »provisorischen« Charakter. Im »Kaisergrab Reizei«, das im Grunde mit dem Shintō verbunden ist, sieht man dieselbe Natürlichkeit im architektonischen Bau widergespiegelt. Dort wird die Seele des Toten nicht ins Gebiet der Ewigkeit verabschiedet, sondern inmitten der Natur der vier Jahreszeiten verortet.

Die Natürlichkeit der Natur als das »nicht-architektonische Element in der Architektur selbst« kann als gemeinsamer ästhetischer Sinn zwischen dem »Kaisergrab Reizei« und der Dōjinsai-Stube gesehen werden. Dieser ist allerdings auch in den Tempelbauten festzustellen, auch wenn diese, eher gewichtig und massiv, zunächst der äußerlichen Form nach im Gegensatz zu den schlichten Shintō-Schreinen stehen. Dennoch ist die schlichte Linearität und Einfachheit der Form auch an den Tempeln zu sehen, was umso deutlicher wird, wenn sie mit Tempeln in China verglichen werden. Bei diesen werden die Dächer oft an ihren Enden in übertriebener Kurve nach oben geformt, wo sie bei den japanischen Tempeln linear auslaufen, sodass das Regenwasser vom Grat des Dachs schräg nach unten runterfließt. Dies kann eine Angleichung an den sogenannten »Wasserfluss-Stil« (jap.: *nagare-zukuri*) des Shintō-Schreins sein. Außerdem sind die Bauhölzer meistens ohne Farbstoff verwendet, sodass oft die originale Farbe und Form der Bäume vorstellbar bleibt. Die Natürlichkeit der Natur bleibt also elementar. Der »Wasserfluss-Stil« ist die fundamentale Stilform der japanischen Häuser und kann als architektonischer Ausdruck für die »Ästhetik des Wassers« verstanden werden, wie sie im achten Kapitel dargestellt wurde. Das feinste Beispiel für diese Architektur ist im Ise-Schrein zu sehen, der im ersten Kapitel erwähnt wurde. Der Stil des Dachs dieses Schreins ist nur in diesem Schrein erlaubt, aber seine Form ist im Grunde der Wasserfluss-Stil.

Es sollte hinzugefügt werden, dass dieser Schrein alle zwanzig Jahre abgetragen und mit frischem Baumaterial ganz neu, aber op-

Abb. 9: Nishida Museum in Ishiwaka

tisch identisch, gebaut wird. So besteht dort die Vergangenheit, die nicht vergeht, in Form einer Architektur des Nicht-Architektonischen.

Verweist das Gesagte nur auf die Vergangenheit oder kann es auch Quelle für kreative Neuschöpfung sein? Um dieser Frage nachzugehen, scheint der Philosophenweg zunächst nicht ganz der geeignete Ort zu sein. Denn auf der kleinen Promenade gibt es keinen großen Platz für ein künstlerisches Experiment. Der dort aufbewahrte »ästhetische Nachschein« scheint eher der retrospektiven Aufbewahrung der Vergangenheit zu dienen. Und doch war zum Beispiel das erwähnte Ikebana von Shuhō in der Dōjinsai-Stube gerade eine Neuschöpfung des Nachscheins des Klassisch-traditionellen in der Gegenwart.

Darüber hinaus ist die Architektur von Tadao Andō in diesem Kontext heranzuziehen, dessen Werke zwar räumlich vom Philosophenweg etwas entfernt stehen, aber sowohl in der Idee wie auch im ästhetischen Sinn mit diesem verbunden sind. Eines seiner Werke nämlich ist das »Nishida Kitarō Philosophie Museum« in der Ishikawa Präfektur (Abb. 9). Im Stadium des Ideenentwurfs zu diesem Museum durfte ich auf Einladung Andōs einige Male in seinem Büro über die Philosophie Nishidas sprechen. Vor dem entstandenen

Abb. 10: Der »Weg des Denkens«

Museum läuft ein Pfad entlang, der von Andō selbst »Der Weg des Denkens« genannt wurde (Abb. 10). Das Grundthema »Denken« wurde in verschiedener Weise in diesem Museum ausgedrückt, vor allem durch das Motiv »Gang/Gehen«, so dass das Museum und dessen Anlage im Ganzen seitdem als ein »Philosophenweg« gilt.

Auf einem »Weg« ist jede Stelle die Spiegelung des Ganzen des »Weges« und zugleich ein Unterwegs-Punkt. Die Natur des Weges legt es nahe, »das Vergängliche als solches als immer Wiederkehrendes zu nehmen«. Kulturhistorisch gesehen entstanden mit dieser Idee des Wegs die Gebiete der sogenannten »Kunstwege«, wie z. B. der »Blumenweg« *(ikebana)*, der »Bogenschießweg« *(kyūdō)*, der

»Schwertweg« *(kendō)*, der »Teeweg« *(sadō)* usw. Darauf kommen wir im zwölften und letzten Kapitel zurück.

Man sieht, dass das, was durch den »Weg des Denkens« des Nishida Kitarō Philosophiemuseums ausgedrückt wird, im Grunde von derselben Qualität ist wie das, was im Kannon-Pavillonpalast und der Dōjinsai-Stube des Silber-Tempels realisiert wird. Dort zeigt sich, dass und wie die Natur als das »Nicht-Architektonische in der Architektur selbst« einen »Weg« bildet und als der neue »Nachschein des Vergangenen, das als solches nicht vergeht« strahlt. Die Entwicklung dieses Natur-Wegs hin zu Meisterwerken der »architektonischen Gestaltung« ist auch eine mögliche Richtung, auf die der Philosophenweg verweist.

12. Philosophenweg und Kunstweg

Eugen Herrigel und der Heidelberger Philosophenweg

In einem Brief vom 28. November 1921 an Tokuryū Yamanouchi (1890–1982) schreibt Kitarō Nishida Folgendes (übersetzt vom Verfasser): »Die Ansichtskarte der Universität Jena, die Sie mir auf der Fahrt nach Süden, so wie Ihren Brief, den Sie mir aus dem Hotel in Freiburg geschickt haben, sind bei mir eingegangen. Mir scheint, dass viele guten Philosophieforscher aus Japan nach Freiburg gehen. Ich vermute, dass da eine lebendige Atmosphäre herrscht. Welche Vorlesung hält Herr Husserl? (…) Ich habe das ›System‹ von Rickert noch nicht gelesen. Wenn er das System so denkt (wie Sie berichten), so wird auch sein ›System‹ uninteressant sein. (…).«[11]

Die drei Städte, die in diesem Brief erwähnt werden, Jena, Freiburg und Heidelberg, waren damals die Orte, die viele japanische Philosophen für ihre Forschungsaufenthalte in Deutschland wählten. Der Adressat Yamanouchi ist einer der frühesten Schüler Nishidas. Er schickte Nishida aus Deutschland Ansichtskarten und Nishida bestellte bei Yamanouchi immer wieder Bücher.

Den Heidelberger »Philosophenweg« habe ich bereits erwähnt. Doch selbst unter den Deutschen ist kaum bekannt, dass es in Deutschland ca. 170 »Philosophenwege« gibt. Die Bewohner in diesen 170 Städten wissen meistens nur von zwei Philosophenwegen, dem in ihrer eigenen Stadt und dem in Heidelberg. Dieser ist auch in Japan sehr bekannt. In einem anderen Brief Nishidas vom 25. Mai 1926, gesendet an seinen Schüler Risaku Mutai (1890–1970), heißt es: »Es ist gut, dass Sie zum alten Herrn Herrigel umgezogen sind, die Dinge in Heidelberg Ihnen gefallen und Sie sich wie zuhause fühlen.« Der Adresse des angesprochenen Mutai ist zu entnehmen, dass der »alte Herr Herrigel«, der Vater von Eugen Herrigel (1884–1955), im Heidelberger Philosophenweg Nr. 6 gewohnt hat. Sein Sohn Eugen Herrigel hat bei Wilhelm Windelband (1848–1915) und Emil Lask (1875–1915) studiert. Nach der Rückkehr aus dem Ersten Weltkrieg, in welchem sein Lehrer Lask gefallen war, arbeitete er an der Universität Heidelberg als Assistent des Vertreters der Südwestschule des Neukantianismus Heinrich Rickert (1863–1936). Rickert wurde bald zum Habilitationsvater Herrigels. Durch die Kontakte zu den Japanern, die nach dem Ersten Weltkrieg nach Heidelberg zum Studium der Philosophie kamen, darunter *Shūei Ōhasama* (1883–1946), Autor des Buches »*Zen. Der lebende Buddhismus in Japan*«, wurde Herrigel vom Zen angezogen. Von Ken Ishihara (1882–1976) vermittelt, übernahm er von 1924 bis 1929 an der Kaiserlichen Universität Tōhoku eine Gastprofessur. Als Herrigel nach Kyōto zu Besuch kam, trug Nishida seinen Schülern Keiji Nishitani, Masaaki Kōsaka, Motomori Kimura u. a. auf, ihn am Hauptbahnhof zu empfangen.

Der »alte Herr Herrigel« hat wohl wegen solcher Umstände Mutai, einen Schüler Nishidas, freundlich in seinem Haus empfangen. An der Straßennummer 6 steht heute ein geschmackloses dreistöckiges Gebäude, das offensichtlich nicht mehr das einstige Wohnhaus vom »alten Herrn Herrigel« ist. Doch als Risaku Mutai vorübergehend im Haus des alten Herrn Herrigel wohnte, musste er jeden Tag auf dem Philosophenweg gehen, um zu seiner Unterkunft zu kommen und von dieser auszugehen. Die Japaner, die ihn besuchten, dürften ihm gerne Gesellschaft geleistet haben.

Dieser historische Umstand ist aber noch nicht alles, was den Heidelberger Philosophenweg und den in Kyōto miteinander verbindet. Damit meine ich nicht die äußerliche Ähnlichkeit der geographischen Lage der beiden Philosophenwege, z. B. ihre Länge von circa zwei Kilometern oder die Größe der Berge, auf deren Hang die Wege laufen. Sie sind ungefähr von gleicher Höhe – der »Heiligenberg« in Heidelberg ist 440 m und der »Daimonji-Berg« 465 m. Der quasi geistesgeschichtliche und innere Zusammenhang der beiden Philosophenwege ist wichtiger. Dazu kommen wir auf Eugen Herrigel zurück.

Der Meister Kenzō Awa

Herrigel konnte der logizistischen Erkenntnislehre Rickerts nicht viel abgewinnen. Er begann, nachdem er sich mit der von Lask angeregten Schrift über »*Urstoff und Urform*« (1922) habilitierte, sich stärker für die Mystik und auch für den Zen-Buddhismus zu interessieren und kam nach Japan. Während seines sechsjährigen Aufenthaltes an der Tōhoku Universität beschäftigte er sich intensiv mit dem Bogenschießen. Er nahm Unterricht beim legendären Meister Kenzō Awa (1880–1939), mit dem Ziel, sich durch das Bogenschießen den Geist des Zen anzueignen. Schließlich wurde er von Awa als Schüler anerkannt. Nach der Rückkehr nach Deutschland schrieb er einige Aufsätze über seine Erfahrungen in Japan und verfasste ein Buch mit dem Titel *»Zen in der Kunst des Bogenschießens«*, das 1948 erschien und als weltweiter Bestseller bis heute neue Auflagen feiert.

Es gibt einen Höhepunkt und eine Vorbereitung darauf in diesem Buch. Der Höhepunkt ist die Szene, in der Herrigel über Awas Kunst des Bogenschießens in größtes Erstaunen geriet. Eines Nachts ließ nämlich Awa Herrigel zu seinem Übungsplatz kommen, wo es ganz dunkel war. Er ließ Herrigel eine Zielscheibe in die Dunkelheit setzen und schoss zwei Pfeile. Herrigel ging zum Ziel und sah, dass der erste Pfeil das Ziel in der Mitte getroffen und der zweite die Kerbe des ersten Pfeiles zersplittert hatte. Bis dahin hatte Herrigel geglaubt, dass man das Ziel »anstreben« soll, und konnte deshalb weder verstehen noch glauben, was Awa ihm immer wieder sagte: »Man darf das Ziel nicht anstreben.« So zeigte Awa dem skeptischen Herrigel, was er bis dahin nur mit Worten gesagt hatte. Herrigel wurde dadurch von Awa überzeugt und strengte sich erneut intensiv an in der Übung.

Es soll kurz verdeutlicht werden, was hier eigentlich geschehen ist und wovon Herrigel genau überzeugt wurde. Awa ging es nicht um das vom Schützen angestrebte Treffen des Ziels wie in einem Wettkampf, wo man sich um höchste Geschicklichkeit in der Schusstechnik bemüht. Worum es Awa ging, war die Bewahrheitung in der existenziellen Seinsweise des Schützen selbst, wie sie im Buddhismus geübt wird. Das Vortragsmanuskript von Awa: »Das aufrechte Gesetz des Bogenschießwegs« (射道正法, in: *Aufzeichnung der Worte und Taten des Meisters Awa* 阿波範士言行録稿本) beginnt mit dem Satz: »Der Bogenschießweg ist der unvergleichbare, einzigartige wahre Weg, auf dem das aufrechte Herz entwickelt wird und sich die wundersame Aktivität des großen Weges andeutet. Darum wird er im Shintō gewürdigt und vom Buddhismus als das Sosein, wie es wirklich ist, bezeichnet. So wird auf dem Bogenschießweg erklärt, dass der Bogen und der Weg in eins gehen, der Bogen und das Zen dasselbe seien.« (Ebd., Nr. 2.17) Awa redet davon, dass das Schießen durch das Ich zugleich das Schießen-gelassen-werden durch die fremde Kraft ist. Herrigel begriff, dass Awa nicht durch das Anstreben des Ziels, was nur bei Licht geschehen kann, sondern durch eine fremde Kraft, die ihn führte, den Pfeil schoss, was auch im Dunkeln gezeigt werden kann.

Es gab vor diesem Höhepunkt noch eine Vorstufe desselben. Nachdem die wiederholte und ernste Anstrengung Herrigel zu einer gewissen Reifung geführt hatte, machte er einmal einen Schuss. Darauf rief Awa etwas, das in der Übersetzung lautet: »Soeben hat ›Es‹ geschossen!« Es kam auf dieses »Es« an. Herrigel bemerkte, dass der Pfeil, den dieses ›Es‹ geschossen hatte, »weder von seinem Ich gekommen war noch das war, womit sein Ich getroffen hatte« (Rückübersetzung aus der japanischen Übersetzung vom Buch Herrigels »Bogenschießen in Japan«, 1982, S. 47).

Ein rationalistischer japanischer Kritiker hat in seinen Aufsätzen »Shinwa toshite no Yumi to Zen (Shōji Yamada, *»Bogenschießen und Zen als Mystik«*), 1999/2002, diese zwei Begebenheiten mit kritischem Blick in Frage gestellt. Aufgrund seiner Überprüfung fällte der Kritiker ein Urteil: »Herrigel überschätzte die japanische Kultur trotz seines so langen, sechsjährigen Aufenthaltes in Japan«. Das »Ziel-Treffen in der Dunkelheit« sei diesem Kritiker zufolge letztlich ein Zufall, schließlich habe ja Awa behauptet, es sei ein reiner Zufall gewesen und er habe so etwas nicht mit Absicht geleistet. Und das Wort von Awa, »Es, geschossen«, sei wohl in Wahrheit das gewöhnliche japanische Wort der Bejahung: *»sore deshita«* (»Das war's!«) gewesen. Der Kritiker argumentiert, Herrigel habe das so schief übersetzte Wort »Es« mystifiziert.

Da ich selber den kritischen Geist für ganz wichtig halte, kann ich nicht anders, als die Herrigel-Kritik des genannten Autors kritisch zu überprüfen, zumal seine Kritik inzwischen oft in neueren Diskussionen über Herrigel zitiert wird. Zuerst stützt sich der Autor auf die Vermutung des damaligen Präsidenten des Deutschen Kyūdō-Bundes e. V., Feliks F. Hoff, dass das Wort Awas eigentlich das Wort der Bejahung »sore deshita« gewesen sein dürfte. Ich denke aber, dass Hoffs Vermutung, auch wenn er ein großer Meister im Bogenschießen war, bezüglich der Sprache nichts mit der Kunst seines Bogenschießens zu tun hat. Das Bedenken verstärkt sich auch dadurch, dass Hoff kein Japanisch sprach. Seine Vermutung kann nicht als Ausgangspunkt einer kritischen Argumentation gelten. Zweitens bezweifelt der Autor die Fähigkeit des Übersetzers, der die Worte Awas mit »›Es‹ hat geschossen« übersetzt hat. Aber Awa hat auch früher auf die Frage Herrigels, »wer« es sei, der schießt, mehrmals geantwortet:

»›Es‹ schießt.« Hätte der Übersetzer wirklich bei der für Herrigel entscheidenden Antwort zwei Mal dieselbe schiefe Übersetzung gewählt? Oder hat sich nicht eher beim Kritiker selbst die Absicht, den »Herrigel-Mythos entmythologisieren zu müssen«, eingeschlichen und ihn dazu motiviert, eine Fehlübersetzung zu behaupten? Beide Interpretationsmöglichkeiten sind der Form nach gleich berechtigt.

Der oben genannte Kritiker nimmt weiterhin das Wort Awas für wahr, dieser habe keine Absicht gehabt, mit seinen Treffern etwas von seiner Kunst aufzuzeigen, und es habe sich um einen »reinen Zufall« gehandelt. Aber dieses Urteil ist wiederum einer Überprüfung bedürftig. Denn wenn Awa als ein Meister in der Welt des Bogenschießens voller Stolz von seiner einmaligen Kunstfertigkeit erzählt hätte, so wäre er als Meister zu hinterfragen gewesen. Weiterhin bezeichnet der Autor Yamada die Worte von Awa über seine Erfahrung mit dem Bogenschießen als »unklar«. Aber für Herrigel als erfahrenem Philosophen galten die Worte Awas als durchaus sinnvoll und gar treffend.

Wer die hier genutzten Formulierungen und Termini für nicht rational erklärbar, somit dunkel hält, wird alle die danach folgenden Worte unklar finden, was durchaus bei einem rein rational Denkenden vorkommen kann. Er wird dann alle buddhistischen Texte im Grunde für dunkel befinden müssen. Aber man sollte andererseits auch mit nüchternen Augen sehen, dass diese Worte nicht wie im Delirium ausgesprochen, sondern als Lehrtext für die Schüler des Bogenschießens mitgeteilt wurden, die sehen, dass und wie ihr Meister mit seiner Kunstfertigkeit des Schießens seine Worte belegt. Für diese Schüler waren die Worte Awas durchaus verständlich. Man kann sich vorstellen, dass die Figur dieses Meisters in den Augen vieler Schüler eine »Aura« besitzt, auch wenn andere Menschen sich eher davon distanzieren wollen (Abb. 1).

Auch die Deutung Herrigels zum Wort »Es«, die er als neukantianischer Philosoph mit logisch konsistenter Strenge gibt, ist klar genug und sinnvoll. Sie ist zumindest genauso klar wie die obige Argumentation des Kritikers. Somit bleibt offen, ob die vom Kritiker Herrigel zugeschriebene »Mystifizierung« der japanischen Kultur durch dieses Argument belegt werden kann oder ob es sich um ein voreiliges Urteil handelt.[12]

Jedenfalls kann festgestellt werden, dass Herrigel sich nach sechsjähriger großer Mühe die Bogenschießkunst Kenzō Awas angeeignet hat, was doch als eine bemerkenswerte Leistung anzuerken-

Abb. 1: Portrait Awas

nen ist. Bei ihm floss der »Weg des Philosophierens« mit dem »Bogenschieß-Weg« (Kyūdō) zusammen.

Nachschein des Kunstwegs auf dem Philosophenweg

Der Weg des Bogenschießens ist ein Gebiet des sogenannten »Kunst-Wegs« (*geidō* 芸道), dem auch der »Teeweg« angehört, dessen historischer Ursprungsort die Stube »Dōjinsai« auf dem Philosophenweg in Kyōto ist. Einige Nachscheinphänomene dieses Kunstweges sind auf diesem Philosophenweg zu beobachten, wodurch unser Leitthema »Weg« neu hervorgehoben werden wird.

Zuvor ist eine allgemeine Information über den »Kunstweg«

vorauszuschicken:[13] Die Lehre vom Kunstweg, die während der Herrschaft des Ritterstandes zwischen der Muromachi-Zeit (1336–1573) und der Edo-Zeit (1603–1868) in Japan entstand, nimmt weltweit eine einzigartige Position in der Geschichte der Kunstlehren ein. Wie im Folgenden dargestellt, ist sie schon im Hinblick auf die Breite der Gebiete der »Kunst« bemerkenswert. Sie enthält nicht nur Gestaltungskunst, sondern auch Kampfkunst, Theaterkunst und letztlich auch die Lehre der »Lebenskunst«. Die Vorgeschichte dieser Lehre geht wohl zurück auf die Idee, die im Vorwort zur alten Gedichtsammlung *Kokinwakashū* (古今和歌集 Gedichte von einst und heute) erörtert wird. Dort wird die Idee der japanischen Dichtung darin gesucht, dass aus dem Menschenherzen als Samen der Dichtung die *koto-no-ha* (Laub der Dinge aller Arten, v. a. Worte) wachsen. Die gemeinte Dichtung war eine solche Kunst, die nicht nur emotionale Eindrücke durch äußerlich Wahrnehmbares, sondern auch die innere Seelenlage des Herzens zum Ausdruck bringt, wobei dieses Herz (*kokoro* 心) später in Einklang mit dem buddhistischen Terminus »Herz« gebracht und schließlich dem »Kunstweg« zugrunde gelegt wurde.

Die Gebiete des später etablierten Kunstwegs beschränken sich nicht auf die Dichtung allein. In der Schrift *Fūshi kaden* (風姿花伝, die sinngemäße Übersetzung des Titels wäre: »Über die mit der Blume zu vergleichenden anmutigen Gestalten des Schauspielers«) des Gründers des Nō-Spiels, Zeami (世阿弥, 1363?–1443?), werden die Worte »Herz« und »Samen« in Verbindung mit der »Blume« als zentrale Worte genutzt. Für die aus den Samen des Herzens gewachsene und aufblühende Kunst des Nō-Spiels wird in dieser Schrift durchgehend das Wort »Weg« verwendet. Auch werden Ausdrücke wie »der Weg des Bogenschießens«, »der Weg der Dichtung« usw. verwendet. Da die Schrift *Fūshi kaden* im Grunde die Aufzeichnung Zeamis von den Worten seines Vaters Kan'ami (観阿弥, 1333–1384) ist, ist die Auffassung der »Kunst« als »Weg« offenbar von Sohn und Vater gemeinsam entwickelt worden. Wenn man die danach folgende historische Entwicklung der Aufführungskunst überblickt, so ist leicht zu verstehen, dass dem »Kunstweg« drei Kategorien angehören: Erstens die sogenannte ›Spiel-Kunst‹ (*yugei* 遊芸), wie sie im Teeweg (*sadō* bzw. *chadō* 茶道), im Blumenweg (*kadō* 華道) und Duftweg (*kōdō* 香道) ausgeführt wird. Zweitens kann die Bühnenkunst (*butai geinō* 舞台芸能) wie das Puppentheater (*ningyō jōruri* 人形浄瑠璃), das Kabuki-Theater (*kabuki* 歌舞伎) und das Nō-Spiel (*nō* 能楽) als Kunstweg im weiten Sinne betrachtet werden. Die

Szenarien dieser Bühnenkunst werden oft auf die ethisch-moralische Lebensauffassung des Konfuzianismus und des Buddhismus bezogen. Schließlich gilt auch das Gebiet der Kampfkünste (*bugei* 武芸) als Kunstweg. Seit der späten Edo-Zeit (1603–1868) und der frühen Meiji-Zeit (1868–1912) wurden die Kampfkünste mit dem Begriff des »Weges« gekennzeichnet, was man am Schwertweg (剣道 *kendō*), dem Bogenschießweg (*kyūdō* 弓道), dem *jūdō* (柔道), dem *karatedō* (空手道) usw. sieht. Wie gesagt, wurde der Begriff »Bogenschießweg« bereits von Zeami verwendet. Bei all diesen Künsten ist zu sehen, dass hinter dem Kunstweg ein spirituell-religiöser Hintergrund liegt, wie etwa prinzipiell der Buddhismus und manchmal auch der Konfuzianismus. Bei allen diesen Künsten gilt das Üben als »Weg der (spirituellen) Übung«. Man kann hier einen Gegenpol zur Position der »Kunst um der Kunst willen« (l'art pour l'art) finden, der Position, die seit der letzten Hälfte des 19. Jahrhunderts in Europa als Leitspruch der modernen Kunst geltend gemacht wurde.

Soweit die vorläufige Einführung in den »Kunstweg«. Fragen wir nach dem »Nachschein« dieses Kunstweges auf dem Philosophenweg. Es wurde schon erwähnt, dass der »Teeweg« seinen Ursprungsort in der Stube Dōjinsai im Silber-Tempel hat und dass während der Restauration dieser Stube an einem Balken die Worte *Irori-no-ma* (»das Zimmer mit dem Ofen«) entdeckt wurden. Das deutet an, dass einst in diesem Raum ein »Ofen« eingesetzt war, mit dem das Wasser gekocht und der Tee in einer spezifischen Weise bereitet wurde, womit der Urtyp des *cha-no-yu* (Tee-Zeremonie) gegeben war. Die Größe dieser Stube entspricht in der Tat mit »viereinhalb Tatami« der Struktur des Tee-Zimmers (Abb. 2). Allerdings wurde in diesem »Zimmer mit dem Ofen« vermutlich nicht nur die Tee-Zeremonie, sondern auch das Spiel der Kettendichtung (*renga* 連歌), das Kartenspiel und das Fragespiel um die Kombination verschiedener Duftstoffe (*kōji* 香事) veranstaltet. Der gegenwärtige Nachfolger des Duftwegs in der Shino-Schule, Sōhitsu Hachiya (1975–), zitiert in der vom Silber-Tempel herausgegebenen Schriftreihe *»Dōjin«* (同仁) eine Schrift des Duftwegs aus dem 16. Jahrhundert namens *»Die Norm des Duftwegs«* (*Kōdō-kihan* 香道規範). Ein Satz daraus lautet: Der Shōgun ASHIKAGA Yoshimasa habe die Tempel-Künstler (*dōbō-shū*, 同朋衆) gefragt, welche Art des Spiels und des Genusses in dieser Welt zu finden sei. Die befragten Künstler gaben die Wege des Tees und des Duftes, den Weg der Medizin und den Buddhismus an. »Als Meister im Buddhaweg wurde der Meister IKKYŪ, im Weg

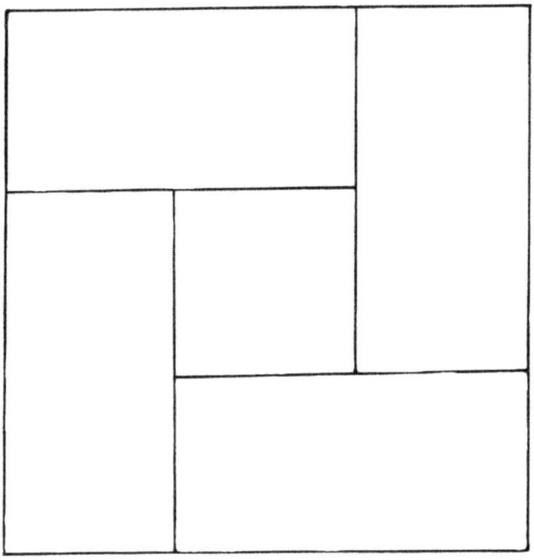

Abb. 2: Viereinhalb Tatami, Teeraum Komposition

der Medizin ein Mediziner namens NAKAI, im Teeweg MURATA Jukō, im Duftweg SHINO berufen.«[14]

Als 2010 im Silber-Tempel ein »Übungssaal« gebaut wurde, schrieb der oberste Priester des Tempels und Vorsteher des Haupttempels Shōkoku, Raitei Arima (1933–) in der Reihe »*Dōjin*« wie folgt: »So wird in diesem Jahr, 2010, diese Übungshalle für die Kultur der Ostberge, d. h. für den Zen, den Blumenweg der Schule *Musō-shinko-ryū*, den Teeweg und den Duftweg, bald aufgebaut werden. (…) Kein Einwand wird erhoben werden, wenn der Teeweg, der Blumenweg und der Duftweg als die drei großen Disziplinen der traditionellen japanischen Kultur genannt werden. So muss die Bedeutung des bald zu vollendenden Übungssaals als sehr groß gelten.«[15]

Die Tätigkeit in der Übungshalle begann damit, dass im »Blumenweg« die Meisterin Shuhō, im »Duftweg« der oben erwähnte Sōhitsu Hachiya als Nachfolger der Shino-Schule in der 21. Generation und im »Teeweg« der Nachfolger der Schule Musha-no-kōji-senke in der 15. Generation, Sen-Sōoku, je die Leitung in ihren Kunstwegen übernahmen. In der Reihe »Dōjin« wurden seitdem diese Gebiete des Kunstwegs auch oft anhand der überlieferten Texte erläutert und entsprechend in der Übungshalle praktiziert. Der

Abb. 3: Ōtoyo-Schrein

Kunstweg, dessen Quelle in der »Kultur der Ostberge« liegt, wird im Silber-Tempel heute noch überliefert, praktiziert und neu ausgelegt. So wird der Nachschein des Schönen, dem die Ostberge ihren Ruhm verdanken, immer wieder neu zum Scheinen gebracht.

Auf eine bis heute überlieferte Kunst, die nämlich als eine Wurzel des Kabuki-Theaters gilt, heute aber einen anderen religiösen Charakter als den des Kunstwegs hat, möchte ich noch hinweisen: den *kagura*-Tanz (神楽舞), wörtlich übersetzt: »der Tanz der Götter-Freude«. Es wurde schon gesagt, dass als geistiger Hintergrund des Kunstwegs hauptsächlich der Buddhismus zu nennen ist. Beim Kabuki-Theater und dem Puppen-Theater, die unter dem Volk populär wurden, tritt auch die konfuzianische Moral als Grundgesinnung der Szenarien in den Vordergrund. Im Fall des Kagura-Tanzes gilt aber der *shintō* (wörtlich: Gottesweg) als Hintergrund. Unter den Shintō-Schreinen, die am Philosophenweg stehen, hat nur der Ōtoyo-Schrein eine Kagura-Bühne (*kagura-den* 神楽殿) (Abb. 3). Um der historischen Exaktheit willen ist allerding hinzufügen, dass die Kagura-Bühne bei einem kleinen Schrein oft zugleich die Gebethalle (*haiden* 拝殿) ist, die vom Schrein getrennt gebaut wird und wo das zeremonielle Beten veranstaltet wird. Im Ōtoyo-Schrein wird die Bühne bzw. die Gebethalle auch oft als Ort für zeremonielle Veranstaltungen genutzt (Abb. 4).

Der Kagura-Tanz ist eine dem Gott gewidmete heilige Veranstal-

Abb. 4: Ōtoyo-Schrein bei Nacht

tung. Indem er aber einen solch »sakralen« Charakter hat, hat er andererseits in sich die Tendenz zu einem Sinnlichkeitsaspekt mit »säkularem« Charakter. Im *»Tōdai-ki«* (»Darstellung der gegenwärtigen Generation«, 17. Jahrhundert) wird beschrieben, dass im achten Jahr der Ära Keichō (1596–1615) eine Tänzerin aus Izumo (Shimane-Präfektur) nach Kyōto kam und mit ihrer Gruppe einen sinnlich-erotischen Tanz aufführte. »Sie ist die Shintō-Priesterin im Großschrein Izumo namens Kuni. Allerdings ist sie keine schöne Frau. Sie spielt einen Mann, nimmt Schwert und männliche Kleider an und ist besonders auffällig. Als ein Mann spielt sie mit den Frauen im Teehaus. Das ganze Volk der Hauptstadt Kyōto war von ihr begeistert.«[16] Der Tanz, in dem die Schauspielerinnen Männer spielen und die männlichen Schauspieler die Rolle der Frauen übernehmen, wobei ihr Tanz sinnlich erotisch, eventuell auch gemein war – woran das Publikum sicherlich viel Spaß hatte –, nahm bald den Namen »Okuni-Kabuki« an und wurde zum historischen Ursprung des heutigen Kabuki-Theaters. Es ist hinzuzufügen, dass dieses Kabuki-Theater zum »Kunstweg« gezählt wird, auch wenn die shintoistische Herkunft des dem Gott gewidmeten Tanzes im heutigen Kabuki kaum mehr zu spüren ist. Heilig und profan, sakral und säkular sind die Vorder- und Kehrseite desselben gesellschaftlichen Lebens.

So ist z. B. bei der Blumenkunst, die dem Buddha gewidmet wird, nicht nur ein bloß sakral gereinigter Ausdruck, sondern auch ein ver-

Abb. 5: Ikebana

feinertes Gespür des Erotischen zu finden. In der *»Kritik der Urteilskraft«* von Kant gibt es eine Stelle, an der Kant die Blume als das Befruchtungsorgan der Pflanze bezeichnet (*»Kritik der Urteilskraft«*, § 16). Die Blume ist so der sinnlichste und erotischste Teil der Pflanze. Die Schmetterlinge und Biene kommen zu den Blüten, um Nektar zu saugen, was zur Ernährung und zum Zweck der Erhaltung ihrer Art nötig ist. Die Blume als Pracht und Zenit des Lebens einer Pflanze ist aber auch ein Vorzeichen ihres Todes, insofern dieser Zenit auch Ausgangspunkt des Verwelkens ist. Eros und Thanatos sind die zwei Seiten der Geschlechtlichkeit. Ich zeige ein Bild des Werkes von Shuhō als Beispiel für diesen zweiseitigen Ausdruck (Abb. 5).[17] Diese Zweiseitigkeit bleibt, auch wenn die Ausdrucksweise sehr verschieden ist, auch im Kagura-Tanz versteckt. In der im Kunstweg versteckten Zweiseitigkeit von Liebe und Tod, Leben und Sterben liegt ein tiefes Geheimnis der »Kunst« überhaupt, welches über die Orte und die Zeiten hinauswirkt und der Kunsttätigkeit immer zugrunde liegt.

Die Überlappung des »Philosophenwegs« und des »Kunstwegs« weist auf den doppelten Grund, durch den das Geheimnis von Denken und Schöpfen durchscheint. Der Spaziergang auf dem Philosophenweg in Kyōto führt zeitweise in diese Tiefe hinein.

Der Philosophenweg als Gourmet-Weg

Eine weitere Karte des Philosophenwegs ist hier abgebildet, und zwar nicht nur zum Zweck der geographischen Veranschaulichung dieses Wegs, sondern auch um zu zeigen, dass dieser Weg auch als ein *Gourmet-Weg* gegangen werden kann. Der Begriff »*Gourmet-Weg*« wird dabei bewusst im Zusammenhang mit dem Thema »Weg« als Anspielung auf den japanischen Terminus *kui-dōraku* (食道楽, wörtlich: »Genuss-Weg des Essens«) verwendet. *Kui* (食) kommt vom Verb *kuu* (食う), d. h. Essen oder Fressen, und *dōraku* (道楽) heißt in der heutigen Wendung »Weg der genießenden Lebensweise« in verschiedenen »Geschmacksrichtungen« wie Gartenkunst, Angeln, Dichtung usw. Es sei daran erinnert, dass die letztgenannte *dōraku*, also die Dichtung, eine Disziplin des »Kunst-Wegs« war, wie im vorigen Kapitel ausgeführt wurde. Allerdings ist die Dichtung in der Weise einer *dōraku* kein gebildeter literarischer *Kunstweg* von hohem Niveau, sondern ein populärer Hobby-Weg. Die Menschen haben oft Lust, sich als gebildete Laien etwa an Haiku oder Renga (Kettendichtung) zu versuchen.

Dass unter diesen Arten von *dōraku* eigens der *kui-dōraku* in der japanischen Kultur eine besondere Popularität hat, ist daran zu sehen, dass schon in der Meiji-Zeit ein großer Bestseller mit einer Auflage von über hunderttausend Exemplaren erschien: »*Kui-dōraku*« (1903). Der heute vergessene Autor Gensai Murai (村井弦斎, 1864–1927) verfasste auch die Romane »*Tsuri-dōraku*« (»Genuss-Weg des Angelns«), »*Sake- dōraku*« (»Genuss-Weg des Reisweins«), »*Onna-dōraku*« (»Genuss-Weg des Frauenhelden«), sowie »*Bungei-dōraku*« (»Genuss-Weg der Dichtung«), aber der Roman »*Kui-dōraku*« hatte den größten Erfolg.

Es handelt sich um die Erzählung eines Gourmands namens Mitsuru Ōhara (大原満) – eine phonetische Anspielung auf den Ausdruck »der gesättigte Mann von großem Bauch«, da der Name Ōhara der Aussprache nach auch 大腹, der große Bauch, bedeuten kann. Murai wurde aber trotz des Erfolgs seines Romans von den *akademi-*

schen Literaturwissenschaftlern der Nachwelt völlig ignoriert bzw. vergessen, weil der Roman zunächst lediglich eine typische Unterhaltungsliteratur war. Aber dieser Roman wird bis heute in den Ausgaben verschiedener Verlage viel gelesen. Nachdem Murai als Bestsellerautor das Leben eines Gourmands und letztlich Gourmets führte, gab er in seinen letzten Jahren den Gourmet-Weg scheinbar gänzlich auf und versuchte, wie ein Einsiedler im Gebirge nur von Kräutern und Früchten zu leben. Beim aufmerksamen Lesen findet man schon im Roman selbst eine Vorwegnahme dieser späteren Entwicklung, da es Mitsuru Ōhara im Grunde um das Gewahrwerden der *gesunden* Delikatesse geht. Ich möchte im Geist dieses »Mannes von großem Bauch« bzw. dessen Schöpfers mutmaßen, dass Murai eben im simpelsten Essen gerade das fand, was er als die sublimste Stufe des genießenden Weges von *kui-dōraku* befand. Darin könnte man sogar einen Nachschein des Zen-Wegs erblicken.

Der Philosophenweg in Kyōto ist auch als ein Weg zu erleben, auf dem man diesen *kui-dōraku* stückweise erproben kann. Dort stehen ca. dreißig Restaurants bzw. Cafés dafür zur Verfügung. In der japanischen Fassung des vorliegenden Buchs habe ich sie alle mit jeweiliger kurzer Vorstellung angegeben, aber für die Leserinnen und Leser dieser deutschen Ausgabe habe ich sieben Restaurants bzw. Cafés ausgewählt, die für europäische Gäste besonders zu empfehlen sind. Da ihre Eingänge meistens klein und unauffällig sind, dürfte die Übersichtskarte mit den Nummern 1–7 hilfreich sein, um sie zu finden.

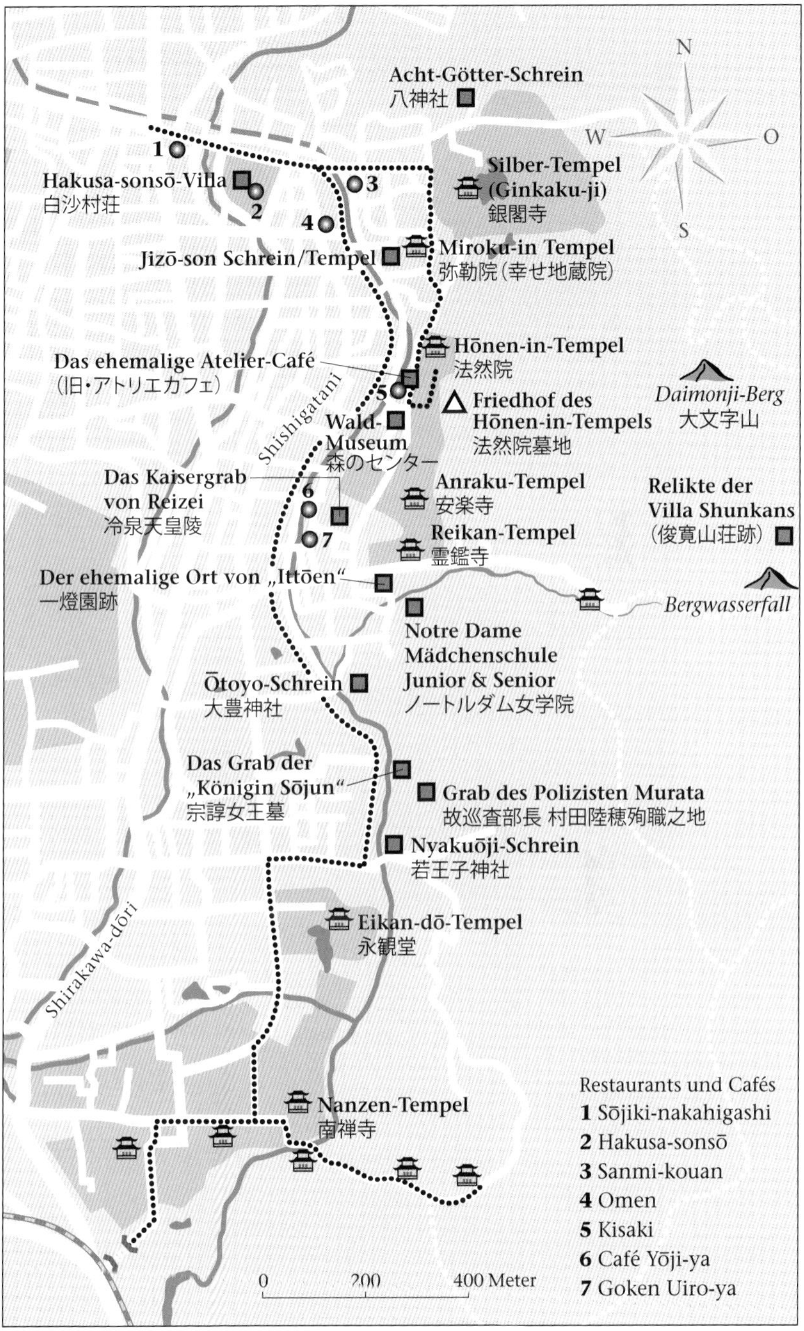
Acht-Götter-Schrein
八神社
N
W
O
S
1
Hakusa-sonsō-Villa
白沙村荘
2
3
4
Silber-Tempel
(Ginkaku-ji)
銀閣寺
Jizō-son Schrein/Tempel
Miroku-in Tempel
弥勒院（幸せ地蔵院）
Hōnen-in-Tempel
法然院
Das ehemalige Atelier-Café
（旧・アトリエカフェ）
5
Shishigatani
Friedhof des
Hōnen-in-Tempels
法然院墓地
Daimonji-Berg
大文字山
Wald-
Museum
森のセンター
Das Kaisergrab
von Reizei
冷泉天皇陵
6
7
Anraku-Tempel
安楽寺
Relikte der
Villa Shunkans
（俊寛山荘跡）
Reikan-Tempel
霊鑑寺
Der ehemalige Ort von „Ittōen“
一燈園跡
Bergwasserfall
Notre Dame
Mädchenschule
Junior & Senior
ノートルダム女学院
Ōtoyo-Schrein
大豊神社
Das Grab der
„Königin Sōjun“
宗諄女王墓
Grab des Polizisten Murata
故巡査部長 村田陸穂殉職之地
Nyakuōji-Schrein
若王子神社
Eikan-dō-Tempel
永観堂
Shirakawa-dōri
Nanzen-Tempel
南禅寺
0
200
400 Meter
Restaurants und Cafés
1 Sōjiki-nakahigashi
2 Hakusa-sonsō
3 Sanmi-kouan
4 Omen
5 Kisaki
6 Café Yōji-ya
7 Goken Uiro-ya

Abb. 1: Sōjiki-nakahigashi (Eingang)

Nr. 1: »Sōjiki-nakahigashi« (草喰なかひがし), Abb. 1 und 2. Dort wird eine Küche mit Bergkräutern, Gemüse, Früchten, Körnen und Bergbachfischen angeboten. Man kann wohl ohne Übertreibung sagen, dass der Weg des *kui-dōraku* am besten in diesem Restaurant erfasst werden kann. Der Koch ist ein Sohn der legendären Koch-Familie Nakahigashi, berühmt geworden in der Villa Miyama-sō (美山荘), die sich am Fuß des Daihi-Gebirges (大悲山) im Norden von Kyōto befindet. Der im zweiten Kapitel dargestellte Bujō-Tempel (峰定寺), in dem sich die Frau des Priesters Shunkan mit ihren zwei Kindern als Flüchtlinge versteckte, befindet sich nicht weit entfernt

Abb. 2: Sōjiki-nakahigashi
(Rüben, Rettich und Ei in der Gestalt von Kamelien)

davon. Bis zu den kleinsten Bestandteilen des Menüs gibt der Koch Nakahigashi kenntnisreiche Erklärungen, wodurch man ahnt, wie viel Erfahrung einem solchen Menü zugrunde liegt. Für die Besucher, die kein Japanisch können, würde ich jedoch sagen, dass man auch ohne seine Erklärungen alles mit den eigenen Empfindungssinnen leiblich verstehen kann. Nur wird man ohne rechtzeitige Reservierung (am besten einen Monat im Voraus) in diesem Restaurant keinen Platz bekommen. Außerdem ist die Fassade des Restaurants völlig unauffällig.

Abb. 3: Hakusa-sonsō (Eingang)

Abb. 4: Hakusa-sonsō (Blick in den Garten)

Nr. 2: Kyōto-Küche in der Villa »Hakusa-sonsō« (白沙村荘), Abb. 3 und 4. Als das zum Schmaus genutzte Zimmer kann man sich kein besseres vorstellen. Der sorgsam gepflegte Garten mit einem Teich und die vornehmen Speisen, die in den besten Gefäßen aus Holz serviert werden, bilden die Atmosphäre, die der einstige Besitzer, der Maler Kansetsu Hashimoto, eben für sich selbst gewünscht hätte. Für Näheres zum Maler Hashimoto sei auf das achte Kapitel, und für Näheres über den Garten der Villa sei auf das zehnte Kapitel hingewiesen.

Abb. 5: Sanmi-kouan

Nr. 3: Soba-Restaurant »Sanmi-kouan« (三味洪庵), Abb. 5. Eine 2018 eröffnete neue Zweigstelle des 1861 gegründeten, altbekannten Soba-Restaurants aus Higashiyama. Früher stand hier die Filiale eines anderen, ebenfalls bekannten Soba-Restaurants aus Osaka, welche wegen mangelnder Nachfolge schließen musste. Die Qualität des Menüs ist aber nach wie vor gut. Das spezielle Angebot hier sind die Soba-Nudeln, die aus dem hauseigenen, mit der Steinmühle gemahlenen Buchweizenmehl hergestellt werden.

Nr. 4: Udon-(Nudel-)Restaurant »Omen« (おめん), Abb. 6. Das Wort *men* (麺) heißt »Nudel« im weiten Sinne, und das Präfix *o-* (お) wird im Japanischen oft für eine Verschönerung gebraucht. Im für japanische Verhältnisse geräumigen Gebäude des Restaurants kann auch eine große Gruppe Platz nehmen, und tatsächlich wird das Restaurant immer rege besucht. Eine Reservierung ist sehr zu empfehlen.

Nr. 5: Yudōfu-Küche in »Kisaki« (喜さ起), Abb. 7. Dieses in der Umgebung älteste Restaurant ist bekannt für die sog. »Yudōfu-»Küche als eine Art der »Kyōto-Küche«. Das *tōfu* (im zusammengesetzten Wort als *-dōfu* ausgesprochen) heißt schlicht Tofu und *yu-* ist das kochende Wasser. Wörtlich heißt also *yudōfu* ein Tofu-Eintopf. Allerdings handelt es sich in Wirklichkeit um sehr vielfältige Zubereitungen von *tōfu*

Abb. 6: Omen

Abb. 7: Kisaki

Abb. 8: Café Yōji-ya (Eingang)

Abb. 9: Café Yōji-ya (Garten)

Nr. 6: Grüntee (Matcha) und Tee-Kuchen im »Café Yōji-ya« (よーじやカフェ), Abb. 8 und 9. Das Teehaus wird betrieben von einer Firma, deren Hauptprodukt verschiedene mattierende Gesichtspapiere namens *aburatori-gami* sind. Dieses Puderpapier wurde früher auch von Geishas zum Abnehmen des Schweißglanzes genutzt, da sie ihre

Schminke auch in der Sommerhitze schützen wollten. Es verbreitet sich aber heute unter all den Damen, die dieselbe Motivation haben. Im japanischen Café Yōji-ya, von dem aus man den zierlichen japanischen Garten draußen in Ruhe betrachten kann, kann man sich auch im Sommer ganz ohne Schwitzen einen *Matcha* mit Tee-Kuchen schmecken lassen. Das genannte Gesichtspapier wird übrigens im Garten-Kiosk des Teehauses verkauft.

Nr. 7: Japanisches Café »Goken Uiro-ya« (五建外良屋), Abb. 10. Der Reismehl-Kuchen *Uiro,* der in diesem Café angeboten wird, ist zwar in Japan durchaus bekannt, aber wenn sein Name mit den sino-japanischen Schriftzeichen »外良« geschrieben wird, kann kaum ein Japaner – selbst ein literarisch gebildeter – es lesen. Unter dem Ladennamen »Goken« kann man sich noch weniger vorstellen. »Go« ist hier eine Abkürzung für die Brücke »Gojō« über den großen Fluss Kamo in Kyōto, und »Ken« kommt vom Namen des großen Tempels Ken-nin-ji in der Nähe dieser Brücke. Das Hauptgeschäft entstand in der Edo-Zeit an dieser Brücke, weswegen der Laden nicht davor zurückschreckt, die schwer lesbaren Schriftzeichen zu nutzen. Den anspruchsvollen Kuchen-Liebhabern ist zu empfehlen, beim Bummeln auf dem Philosophenweg dort eine Pause zu machen, um »Uiro« mit Matcha zu probieren.

So weit die kurze Beschreibung der sieben ausgewählten Restaurants bzw. Cafés am Philosophenweg, wo man ein Stück des *kui-dōraku* erleben kann. Die Beschreibung greift aber zu kurz, solange die Speisen in diesen sieben Restaurants/Cafés nicht auch in ihrem spezifisch *ästhetischen* Charakter gesehen werden. Um diesen zu vergegenwärtigen, ist ein kurzer Vergleich mit einem europäischen »Gourmetweg« hilfreich. Als exemplarisch betrachte ich kurz den Duisburger »Philosophenweg«, der dort, wo die Ruhr in den Rhein fließt, an Buchten und Kanälen entlangläuft. Genauer gesagt, läuft er parallel zur Uferpromenade auf den beiden Seiten des breiten Kanals. Auf der einen Promenade stehen Restaurants von beispielsweise »mongolischer Küche« (Haus-Nr. 17), »deutscher Küche« (Haus-Nr. 21), »mexikanischer Küche« (Haus-Nr. 31) und »spanischer Küche« (Haus-Nr. 33). Auf der anderen Seite des Kanals findet man die »chilenische Küche«, »italienische Küche«, »Mississippi-Küche« usw. Es ist gut verständlich, dass in eine »Hafenstadt« die Küchen von verschiedenen Ländern einziehen. Hinsichtlich der kulinarischen Breite

Abb. 10: Goken Uiro-ya

und der internationalen Mannigfaltigkeit der Küche ist die Gourmetgasse am Duisburger Philosophenweg recht bemerkenswert.

Dem gegenüber beschränken sich die oben angegebenen Küchen am philosophischen Gourmetweg in Kyōto durchgehend auf die japanische. Eben dieser Kontrast eröffnet aber eine weitere Perspektive auf die Charakteristika der japanischen Küche, die von den oben genannten sieben ausgewählten Restaurants/Cafés am Philosophenweg in Kyōto repräsentiert werden und die in keinem der Restaurants am Duisburger Gourmetweg zu finden sind.

Um den Schluss vorwegzunehmen, so geht es bei dieser japanischen Küche nicht nur um den Geschmacks- und Geruchssinn, der auch am Duisburger Philosophenweg auf seine Kosten kommen kann, sondern um *alle Empfindungssinne, vertreten von den fünf Sinnen*. Die spezifisch arrangierte Farbigkeit der Zutaten sowie des Geschirrs und der Gefäße erfreut den *Gesichtssinn*, aber auch den *Tastsinn*, wenn die aus Holz und Keramik handwerklich hergestellten Schüsseln und Tassen mit den Händen berührt werden. (Vgl. dazu den ästhetischen Begriff von *wabi* und *sabi* im neunten Kapitel.) Die farbige Kombination der Stoffe hängt übrigens damit zusammen, dass die Kochmaterialen »frisch« sind, was nicht erst durch den

Geschmackssinn, sondern vorweg oft durch den *Geruchssinn* vernommen werden kann. Dass der Geruch ein unentbehrliches Element der Küche ist, ist zwar auch bei jeder Küche in der Welt der Fall, aber der Geruch der japanischen Küche ist darin bemerkenswert, dass er nicht in erster Linie ein Appetit anregender starker, sondern eher ein leiser Geruch ist. Eine gewisse Aufmerksamkeit wird dazu benötigt, und diese Aufmerksamkeit kann durch Übung zu einem Kunstweg namens Duftweg (*kōdō*, 香道) verfeinert werden. Exemplarisch für diese Aufmerksamkeit ist auch die Teezeremonie, bei der das Geräusch des Wasserkochens mit dem Rauschen des Windes in einem Kiefernhain verglichen wird – so man denn genau hinhört. Der *Gehörssinn* gehört ebenfalls zur Teezeremonie.

Insgesamt kann als das Charakteristische der Ästhetik der japanischen Küche gelten, dass *alle von den fünf Sinnen vertretenen Empfindungssinne* nicht nur aktiviert, sondern »trainiert« werden können, womit ein »Weg« beginnt. Auf diesem Wege wird letztlich auch der *Gemeinsinn* verfeinert, da das Mitsein von Gastgeber und Gästen immer zu einem Essen gehört. Dieses Trainieren und Verfeinern der *aisthēsis*, d. h. der ästhetischen Sinne, gebildet zum »Weg«, wirft sogar auch im volkstümlichen *kui-dōraku* seinen *ästhetischen Nachschein*, *zanshō-bi*, nach sich.

Dieser Nachschein kann auch ins geistige Gebiet einen Abglanz werfen. Es gibt z. B. in der japanischen Küche generell keine Reihenfolge wie bei den Gängen in der europäisch-chinesischen Küche. Anstelle der »teleologischen Systematik«, die bei der Menüküche nachzuspüren ist, kommt es beim japanischen *kui-dōraku* auf den Charakter eines Weges an, auf dem jeder Schritt in sich die Ganzheit des Weges vergegenwärtigt. Man darf zum Beispiel die Suppe nicht nur vor, sondern auch neben dem Hauptgericht je nach Lust nehmen, was genauso für jede gekochte Speise auf den Tellern gilt. Wendet ein Japan-Kenner mit der Bemerkung ein, dass das *soba-yu* (das Kochwasser der Soba-Nudeln) erst am Ende des Soba-Menüs als Vollendung desselben gereicht wird, so ist eine Gegenargumentation nötig, dass mit dieser Suppe, deren Geschmack *fahl* ist, keine Vollendung des Menüs, sondern eher dessen Auflösung betrieben wird. Das *Fahle* ist das, was immer die Zutat der Gewürze und Beilagen voraussetzt. *Das Zulassen der Anderen im Mitsein mit ihnen ist das Wesen des Fahlen.* Dazu gehört der *Gemeinsinn* als Sinn für dieses Mitsein. In der Ästhetik der japanischen Küche wird auf diese Weise auch die Öffnung zu einer kulturellen und geistigen Welt vorbereitet.

Jedoch soll hier auf jede weitere Erklärung verzichtet werden. Denn hundertmal Lesen ist am Ende doch unendlich karger als einmal wirklich Probieren. So möge es den Leserinnen und Lesern dieses Buches, die den Kyōtoer Philosophenweg aufsuchen, vergönnt sein, die Ästhetik des *kui-dōraku* als Nachschein *(zanshō-bi)* des »Wegs« am eigenen Leibe zu erfahren.

Anmerkungen

[1] Bei den Namen der Menschen aus der japanischen Antike und dem Mittelalter bis zur Vormoderne wird der Familienname großgeschrieben und zuerst genannt. Bei den Namen der modernen Menschen wird umgekehrt erst der persönliche, dann der Familienname angegeben. Diese Schreibweise gilt auch in den nachfolgenden Kapiteln.

[2] Dieses kaum in einer Bibliothek zu findenden Dokument kann in Form einer elektronischen Datei der klassischen Texte an der Universität Waseda, »*archive.wu.waseda.ac.jp*«, leicht zugänglich gemacht werden.

[3] Dazu kann man den Aufsatz des Verfassers »Dürer und Sesshū als spirituelle Geschichte: Göttlichkeit und Leere« *(Dürer and Sesshū as Spiritual History: Godness and Emptiness)* heranziehen, der 2009 in Heft Nr. 13 der Zeitschrift »Aesthetics« der Japanischen Gesellschaft für Ästhetik, S. 131–140, veröffentlich wurde; http://wwwsoc.nii.ac.jp/bigaku/.

[4] Zum »philosophischen Krieg« vgl. Ryosuke Ohashi, *Kyōto gakuha to nihon kaigun – shin shiryō ›Ōshima memo‹ wo megutte* (»Die Kyōto-Schule und die japanische Marine – Zu den neu entdeckten Materialien ›Die Aufzeichnungen Ōshimas‹«), PHP Verlag, Tōkyō 2001. 12.

[5] Zum Seppuku Mishimas kann auch der Vortrag des Verfassers »Ein Tieferes vom Tod – zu Mishimas Seppuku« gelesen werden, der anlässlich des 200. Todesjahres Heinrich Kleists auf der Tagung der Heinrich Kleist-Gesellschaft gehalten wurde und von Günter Blamberger und Sebastian Goth im Band *Ökonomie des Opfers. Literatur im Zeichen des Suizids* 2013 veröffentlicht wurde.

[6] Vgl. *BI-YÄN-LU. Meister Yüan-wu's Niederschrift von der Smargdenen Felswand, verfaßt auf dem Dja-schan bei Li in Hunan*, verdeutscht und erläutert von Wilhelm Gundert, München 1977

[7] Platons Werke. Erster Theil, übersetzt von Friedrich Schleiermacher, 1817–1826, 250d.

[8] *Helmut Lachenmann. Musik als existentielle Erfahrung.* Herausgegeben und mit einem Vorwort versehen von Josef Häsler, Wiesbaden/Leipzig/Paris, 2. Auflage, Paris 2004, S. 186.

[9] Die Datei im Nichibunken-Institut ist im Internet unter dem Stichwort »meishozue« herunterzuladen

[10] Vgl. dazu den Verfasser, *Phänomenologie der Compassion. Pathos des Mitseins mit den Anderen*, Freiburg i. Br./München, 2018, S. 71.

[11] Zwischen Husserl und Nishida gab es einen Briefwechsel. Der Brief Nishidas an Husserl vom 20. Mai 1925 ist erhalten und der Eingang des Briefs von Husserl an Nishida findet sich in dessen Tagebuch vom 4. November 1926 notiert.

[12] Ich muss allerdings meinerseits auch eine »Reklamation« gegen Herrigel vorbringen, nämlich dass er 1937 in die NSDAP eintrat und zu einem Ideologen derselben

wurde. Zuvor hatte er in den Aufsätzen »Die Aufgabe der Philosophie im neuen Reich« (1934) und »Nationalsozialismus und Philosophie« (1935) das Regime *philosophisch* gewürdigt; zugleich machte er hochschulpolitisch an der Universität Erlangen Karriere, indem er dort das Prorektorat und schließlich das Rektorat übernahm. Nach der Niederlage des Nazi-Regimes erhielt Herrigel als Folge seiner politischen Verirrung für drei Jahre ein Lehrverbot.

[13] Zu diesem Zweck greife ich auf einige Passagen aus einem Aufsatz von mir (»*Zum japanischen Kunstweg*«, in: *Das Erbe der Bilder. Kunst und moderne Medien in den Kulturen der Welt,* hrsg. von Hans Belting und Lydia Haustein, München 1998, S. 149–162) zurück.

[14] *Dōjin,* Bd. 2, Nr. 10, März 2015, S. 9.

[15] *Dōjin,* Bd. 2, Nr. 2, Mai 2010, S. 1.

[16] Der Text *Tōdaiki* ist zugänglich in: http://chushingura.biz/p_nihonsi/siryo/0551_0600/0591.htm

[17] Zu diesem Bild vgl. den Essay von Ryōsuke Ohashi & Tamao Sano, *Kashin-no-kokoro* (»Das Herz des Blumen-Berichtes«), Kyōto 2009, S. 45 f.

Bildnachweis

Die Fotos der Orte und Gebäude am Philosophenweg stammen alle vom Verfasser, ausgenommen die Abb. 1 auf S. 4, Abb. 7 auf S. 183, Abb. 1 auf S. 208, Abb. 2 auf S. 209, und Abb. 4 auf S. 210 (dazu je vgl. unten). Die Quelle der Bilder der sonstigen Orte und Gebäude sind ebenfalls unten angegeben.

S. 16, Abb. 1 (Kanal am Philosophenweg): Aufnahme von Anna Zschauer.

S. 21, Abb. 8 (Kalligraphie Nishidas): Gedruckt als Foto Nr. 201 der Sammlung der Kalligraphien von Kitarō Nishida (*Nishida Kitarō iboku-shū*), Tōei-Verlag, Kyōto, 1977.

S. 31, Abb. 4 (Der Ise-Schrein): Aufnahme von Ryōsuke Ohashi.

S. 55, Abb. 3 (Tonsur der Hofdamen): Umschlag der Broschüre »*Shishigatani Jūren-zan Anraku-ji*«: Keine Angabe der Entstehungszeit.

S. 71, Abb. 4 (Blick aus der Stube Dōjin-sai in den Garten): Aufnahme des Büros des Ginkaku-ji.

S. 72, Abb. 5 (Ikebana in der Stube Dōjin-sai): Aufnahme des Büros des Ginkaku-ji.

S. 76, Abb. 8 (Ausschnitt aus *Rakuchū-rakugai-zu byōbu,* Darstellung der Stadt Kyōto und deren Vororte, bemalt von Kanō Eitoku:): Besitz des Uesugi Museums in der Stadt Yonezawa.

S. 118, Abb. 2 (Szene aus dem Kabuki-Stück *Sukeroku*): Gedruckt als Bild Nr. 63 in: *Kabuki 18-ban,* Bd. 20 der Serie *Nihon-no-koten,* Tōkyō 1979.

S. 132, Abb. 5 (»Kräuseln« von Heihachirō Fukuda): Gedruckt als Bild Nr. 10 in: *Fukuda Heihachirō isaku-ten,* Tōkyō 1975.

S. 133, Abb. 6 (»Der Regen« von Heihachirō Fukuda): Gedruckt als Bild Nr. 29 in: *Fukuda Heihachirō isaku-ten,* Tōkyō 1975.

S. 142, Abb. 1 (Anlegeplatz des Kanals in Yamashina): Besitz des Biwako Kanal-Museums in Okazaki/Kyōto.

S. 143, Abb. 2, S. 145, Abb. 3, S. 147, Abb. 5 (Bilder der Gemeinschaft Ittōen): Besitz des Museums Kōsō-in in Ittōen.

S. 149, Abb. 6: Teeschale: Gedruckt als Bild Nr. 57 in »*Tōgei*« (Keramik) in der Serie *Nihon-no-bijutsu*, Tōkyō 1971.

S. 151, Abb. 7 (Kalligraphie Tenkōs): Besitz von Ryōsuke Ōhashi.

S. 152–155, Abb. 8–11 (Ittōen und Myōki-an): Aufnahme von Ryōsuke Ōhashi.

S. 163, Abb. 6 (Yamazumi-Schrein in Iwakura): Aufnahme von Ryōsuke Ōhashi.

S. 169, Abb. 13 (»Karpfen« von Heihachirō Fukuda): Gedruckt als Bild Nr. 4 in: *Fukuda Heihachirō isaku-ten*, Tōkyō 1975.

S. 178–183, Abb. 2, 3, 4, 5, 6, 8 (Nanzen-ji und Tōdai-ji): Aufnahme von Ryōsuke Ōhashi.

S. 183, Abb. 7 (Byōdō-in in Uji): Aufnahme von Anna Zschauer.

S. 187–188, Abb. 9–10 (Nishida-Museum): Aufnahme des Nishida-Kitarō Museums in Ishikawa.

S. 196, Abb. 1 (Portrait Awas): Aus dem Buch von Yasunosuke Sakurai, Bibliographie von Awa Kenzō, Privatdruck (Erscheinungsjahr unbestimmt).

S. 202, Abb. 5 (Ikebana): Aufnahme von Shuhō, der Blumenmeisterin.

S. 208, Abb. 1 (Sōjiki-Nakahigashi, Eingang): Aufnahme von Hisao Nakahigashi.

S. 209, Abb. 2 (Rübe, Rettich und Ei in der Gestalt von Kamelien): Aufnahme von Hisao Nakahigashi.

S. 210, Abb. 4 (Hakusa-sonsō, Blick in den Garten): Aufnahme von Anna Zschauer.